Além da Psicologia Indígena

David Pavón-Cuéllar

ALÉM DA PSICOLOGIA INDÍGENA

CONCEPÇÕES MESOAMERICANAS DA SUBJETIVIDADE

Tradução Anna Turriani
Ilustrações Julian Brzozowski

CURADORIA EDITORIAL
Anna Turriani

Coordenação de texto Luiz Henrique Soares e Elen Durando
Edição de texto Simone Zaccarias
Revisão Marcio Honorio de Godoy
Ilustrações Julian Brzozowski
Projeto gráfico e capa Sergio Kon
Produção Ricardo W. Neves e Sergio Kon

CIP-Brasil. Catalogação na Publicação
Sindicato Nacional dos Editores de Livros, RJ

P366a
Pavón-Cuéllar, David
  Além da psicologia indígena : concepções mesoamericanas da subjetividade / David Pavón-Cuéllar ; tradução Anna Turriani ; ilustração Julian Brzozowski. - 1. ed. - São Paulo : Perspectiva, 2022.
  184 p. : il. ; 19 cm. (Teyolía ; 1)

  Tradução de: Más allá de la psicología indígena; concepciones mesoamericanas de la subjetividad
  ISBN 978-65-5505-126-1

  1. Indígenas - Aspectos psicológicos. 2. Povos indígenas - Mesoamérica. 3. Psicologia mesoamericana. I. Turriani, Anna. II. Brzozowski, Julian. III. Título. IV. Série.

22-80909   CDD: 150.19
             CDU: 159.9(=1-82)

Gabriela Faray Ferreira Lopes - Bibliotecária - CRB-7/6643
27/10/2022   01/11/2022

1ª edição

Direitos reservados à
EDITORA PERSPECTIVA LTDA.
Al. Santos, 1909, cj. 22
01419-100 São Paulo SP Brasil
Tel.: (11) 3885-8388
www.editoraperspectiva.com.br

2022

SUMÁRIO

Nota da Edição 9

Apresentação [por Anna Turriani] 11

Introdução 21

    Culturas Mesoamericanas [21] ▪ Mesoamérica na Gente [22] ▪ Racismo e Colonialismo na Psicologia [22] ▪ Concepções Europeias e Estadunidenses [23] ▪ Fontes e Limites [25] ▪ Precedentes [26] ▪ Retroalimentação e Questionamento [28] ▪ O Mesoamericano [29] ▪ O Subjetivo [31]

1:
Variabilidade e Multiplicidade 35

    A Arte de Não Ser os Mesmos [35] ▪ Os Cargos de Juan Perez Jolote [36] ▪ Almas do Sujeito [37]

2:
Extimidade e Abertura 41

    Teyolía: Coração do Povo [41] ▪ Ool e Mintsita: Exterioridade Íntima [42] ▪ Tik e Ndoo:Todo Nosótrico [44] ▪ Wejën-Kajën: Educação e Comunidade [45] ▪ Uinic: Essência Comunitária do Indivíduo [47]

3:
Historicidade 51

    Ossos Roubados Por Quetzalcóatl [51] ▪ Ancestrais Como Fonte de Força e Consciência [52] ▪ Recordar Para Pensar e Existir [54] ▪ Recordar Para se Curar e se Conhecer [55]

4:
Individualização e Singularidade 57

Tlamatini e Te-Ix-Tlamachtiani: Ensinando a Ter um Rosto [57] ▪ In Ixtli in Yóllotl: Sujeito Singular e Desejante [58] ▪ Tonalli: Princípio Individualizante [60]

5:
Intersubjetividade 63

Amizade Entre Sujeitos [63] ▪ Lajan Lajan 'Aytik: Igualdade Intersubjetiva [64] ▪ Ciência e Política da Objetividade [68] ▪ Se Privar do Fim do Mundo [69] ▪ Yatzil: Alma em Tudo que Existe [71] ▪ Colonização Como Objetificação [73]

6:
Diálogo e Horizontalidade 75

Palavra e Silêncio da Natureza [75] ▪ Da Subjetivação à Divinização [76] ▪ Relações Igualitárias [78] ▪ Diminuir-se para Ser Igual [80]

7:
Humildade 85

Nanauatzin: Humildade Recompensada [85] ▪ Tlacazólyotl: Avidez Condenada [87] ▪ Tlapalewilistli: Ajuda, Desprendimento e Generosidade [88]

8:
Vida e Morte 93

Onen Tacico: Viver Por Viver [93] ▪ Tlazotli: Valor da Vida [95] ▪ In Xóchitl, in Cuícatl: Poesia da Vida [97] ▪ Cuel Achitzincan: Fugacidade da Vida [98] ▪ Zan Nihualayocoya: Sofrimento da Vida [100] ▪ Tezcatlipoca: Insegurança e Periculosidade da Vida [101] ▪ Nahualapan: Mistério e Certeza da Morte [102] ▪ Malinalli: Unidade Entre a Vida e a Morte [104]

9:
Materialismo e Monismo 107

> Tlalticpacdyotl: Da Superfície da Terra [107] ▪ Materialidade Humana [108] ▪ Uinicil Te Uinicil Tun: Homem de Madeira, Homem de Pedra [109] ▪ Humanidade Corporal [110] ▪ Itonal: Corporeidade da Alma [111] ▪ Susto: Patologia Dualista [113] ▪ Uayasba: O Símbolo Como Doença [116] ▪ Neyolnonotza: O Sentipensar Nahua [117]

10:
Dialética e Complexidade 121

> Tlaltecuhtli e Kuerájperi: Feminilidade na Origem [121] ▪ Ometéotl, Jme'jtatik, Nzáki: Figuras de Complementaridade [122] ▪ Equilíbrio e Relações de Gênero [123] ▪ Qotiti: Contradição em Tudo Que Existe [125] ▪ Jbejutik te': Contra a Especialização [128] ▪ Dúvida Universal: Névoa Sobre os Olhos [132]

Além da Conclusão 135

> O Desnudado, Apagado e Apedrejado, Escuro e Recôndito [135] ▪ Diferença Absoluta e Universalidade Esquecida [136] ▪ Recapitulando [137] ▪ Consistência Interna [138] ▪ Autoconsciência Resguardada [140]

Notas 143

Referências 161

Glossário 171

APÊNDICE
Principais Povos Mesoamericanos [mapa] 179

NOTA DA EDIÇÃO

Mantivemos as grafias dos etnônimos que figuram neste livro conforme os povos originários têm preferido grafar seus nomes. Um projeto político anticolonial envolve a ampliação de nossas linguagens para um mundo plurinacional, além das fronteiras e dos nacionalismos resultantes dos processos coloniais. Não deixaremos de falar espanhol ou português, mas podemos agir de modo a não reproduzir o caráter colonizador de tais linguagens, que buscam traduzir todo o mundo conforme suas lentes e critérios, enquadrando outras linguagens às suas normas. Pretende-se aqui uma tradução antropofágica, conforme Mário de Andrade, mas não do português para as outras línguas, e sim das outras línguas para o português, de modo a que tudo aquilo que é intraduzível de uma palavra seja preservado na manutenção de sua versão original, tal qual apresentada pelo autor. Mesmo na tradução do espanhol, buscou-se a aproximação dos dois idiomas, preservando a forma linguística original, sempre e quando a sentença pudesse ser compreendida em português. Espera-se assim, mais do que o falseamento de que se trata de linguagens tão distintas, a possibilidade de que os deslizamentos de um idioma para outro nos permitam encontrar aquilo que evoca e equivoca no impossível de traduzir.

APRESENTAÇÃO

Foram o desencantamento com o mundo acadêmico e o encantamento pela abundância dos saberes *mayas* que me levaram a morar na Guatemala em 2006 e a estudar junto aos povos originários outras formas de perceber, compreender e enfrentar o mundo; um caminho sem volta na vida e na psicologia. Depois de mais de quinze anos pelos "estudos *mayas*", poder trazer esse compilado de ideias sistematizados por David Pavón-Cuéllar às pessoas leitoras brasileiras é de emoção inominável, tanto por seu conteúdo teórico como por aquilo que porta das memórias afetivas junto às comunidades da Guatemala. Este livro não apenas me aproxima de um pensamento crítico urgente como me aproxima de minha própria história. E não poderia ser diferente, já que carrega o saber que é constituído junto às comunidades originárias da Mesoamérica que têm na memória e na ancestralidade pontos estruturantes de seus pensamentos.

O que temos em mãos não é um tratado, nem mesmo uma tese. David não pensa ou escreve como quem se responsabiliza por contar a verdade do mundo. O que temos é um convite. Outro convite generoso que ele nos faz para o exercício do pensamento crítico, ético, implicado e humilde. Convida-nos a relembrar que não somos unicamente o que o pensamento dominante europeu-estadunidense nos considera e que temos em solo latino-americano um "caudal imenso de tecnologias, conhecimentos e crenças, assim como formas únicas de trabalho, consumo, alimentação, vestimenta, cultivo da terra, interação social, organização comunitária, expressão artística, educação de crianças, tratamento de doenças e administração da justiça" (p. 21) que podem pavimentar caminhos mais revolucionários e emancipadores de nosso pensamento e ação, ao invés dos reformismos impostos pelo saber ocidental, mesmo em sua concepção crítica. Ou ainda, como demonstra em algumas passagens, que nesse caudal muito antes da chegada dos espanhóis, já estavam presentes perspectivas críticas que foram compreendidas apenas há algumas décadas pelo saber moderno europeu.

David é preciso, em rigor e em amor. Sem perder a sensibilidade nem amenizar a crítica, nos diz o que urge ser dito, retomando a tradição do pensamento ocidental e confrontando com o espírito ético-político anticolonial de seu tempo histórico e de sua geografia. Apresenta-nos uma crítica radical e contundente ao papel alienado e alienante da psicologia que está refém dos binarismos e objetificações reinantes no pensamento ocidental: interior-exterior, espiritual-material, mental-corporal, cognitivo-afetivo, racional-emocional etc. Abre caminhos para que nos desloquemos da subserviência às verdades hegemônicas e abalemos as bases dos edifícios com os saberes de nossos mais velhos, dos quilombos, aldeias. Já nos alertava Audre Lorde que não serão as armas do amo que destruirão a casa do amo.

No prefácio da edição mexicana, José Mario Flores Osorio é convidado a criticar o livro e aponta para a complexidade de transladarmos conceitos do mundo ocidental ao mundo indígena, questionando assim tanto a noção de subjetividade atrelada ao pensamento dos povos originários daquela região como o próprio conceito de Mesoamérica, ambos cunhados pelas teorias ocidentais hegemônicas. Mas como é próprio de David, é um título não todo, de um livro não todo. O que temos aqui não é a pretensão de autoria, mestria, erudição, mas um exercício crítico radical de pensamentos que se atrevem a sair do lugar-comum para ousar pensar além das fronteiras do infamiliar freudiano. Não seria esse um compromisso possível para os acadêmicos, produto da colonização em sua jornada decolonial e anticolonial? Frente ao estrangeiro – ao invés de colonizá-lo, negando-lhe a diferença – abrir-se à diferença radical daquilo que se apresenta como estranho.

Poderíamos entrar em inúmeras discussões sobre os "problemas" das cosmovisões dos povos originários, mas nossa capacidade de reconhecer problemas está enviesada pelas lentes do Ocidente. O convite que fazemos é para que tiremos os óculos viciantes que carregamos como produto da colonização e busquemos perceber quanta experiência no mundo temos

APRESENTAÇÃO

perdido ou mesmo matado. O convite é para que fechemos os olhos e busquemos perceber com os outros sentidos: o tato, o paladar, a audição, o olfato. Oh, olfato! Tão reduzido no mundo moderno aos cheiros bons ou ruins, agradáveis ou fétidos. Binarização que nos impede de experienciar as infinidades de cheiros que exalam do mundo e de nossos corpos.

O compromisso com a verdade, a busca pelo verdadeiro, implica uma posição ético-política anticolonial, que é também uma busca pelo que foi apagado, roubado. Memórias, percepções, sentidos. É a busca pelo esquecido, pelo instrumentalizado, de tudo que são as diversidades de culturas submetidas às lentes, ao jugo, de uma concepção de mundo que se fez hegemônica. O que busco defender desde o mestrado junto às comunidades *mayas* na Guatemala é que essa imposição precisou ser acompanhada de um manejo perverso da memória a partir da instrumentalização da história. Como afirma nas seguintes páginas David Pavón-Cuéllar: "esquecer implica a desesperança". E é na recuperação da memória coletiva, na memória viva, que reside a resistência dos povos: "A esperança repousa na memória. Os ancestrais dão a seus descendentes a consciência de quem são e a força de que precisam para se libertar." Ou ainda: "A reconstituição do vínculo comunitário é o que cura." Tecer memórias é resistir; confiar é resistir; confiar é tecer junto, como o Yuu, tapete feito de fibras de palmeira entrelaçada que representa também a rede, o entramado, a urdidura comunitária que nos sustenta na relação indivíduo-comunidade.

SOBRE A COLEÇÃO

Este é o primeiro volume de uma nova coleção dedicada ao pensamento crítico e anticolonial da América Latina.

São muitos os afetos que lançam Teyolía ao mundo. Uma proposta editorial que intenciona tanto deslocar os holofotes do pensamento crítico brasileiro da Europa para a América Latina, como apoiar os movimentos anticoloniais, contracoloniais e decoloniais de nosso território.

Teyolía é uma das entidades anímicas *nahuas*, a que transcende o sujeito e o conecta com todos os outros seres. É a alma comum a todos, aquilo que persiste de ancestral e comum a todas as coisas existentes: "uma alma que é a presença mesma da comunidade", como nos diz David Pavón-Cuéllar. Uma alma "fita de Möbius", em que o dentro está fora e o fora está dentro. O mais íntimo é o mais externo, o original é também o originário.

Mais que deslocar os holofotes, é preciso apagar as luzes e deixar de lado por uns instantes a eletricidade reinante no mundo moderno que tanto exige de nossa visão, e deitar ao céu, observar as estrelas, sentir as estações, ouvir os sons do mundo. Colocar em diálogo todos os recursos de que precisamos lançar mão para curar as feridas abertas por quinhentos anos de violência colonial neste vasto território, que vai da Patagônia ao Alasca, para ouvir aqueles que são produto da colonização, mas que têm para os povos originários tantos outros nomes e divisões geopolíticas que desde antes de 1492 aqui habitam e resistem, mesmo com todos os esforços empregados pelos colonizadores para dizimá-los física e simbolicamente. Tawantinsuyu, Anáhuac, Pindorama, Pachamama, Abya Yala são apenas alguns dos nomes dados para designar macrorregiões específicas ou todo o continente que era habitado por milhões de pessoas antes da chegada dos europeus – estima-se que entre cinquenta e cem milhões.

Quechua, nahuas, maya, aymara, k'iche', zapoteco, kaqchikel, q'eqchi', cherokee, mixteco, otomí, quíchua, mapuche, mam, wayuu/guajiro, totonaca, tsotsil, tseltal, mazahua, mazateco, navajo, huasteco, ch'ol, p'urhépecha, chinanteco, mixe, choctaw, sioux, chippewa, q'anjob'al, tlapasnek, toba, tarahumara, guaraní, poqomchi', apache, achi', mayo, ashaninka, chiquitano, zoque, blackfeet, ixil, iroquois, shuar, chontal, tz'utujil, creek, diaguita, kolla, popoluca, chatino, chiriguano (ava, simba e isoceño), chuj, lumbee, amuzgo, aguaruna/aguajun, eskimo, tojolab'al, ticuna, wichí, warao, kaingang, huichol, jakalteka, ch'orti', poqomam, chickasaw, tepehuano, akateka, chalchiteka, comechingón, huarpe, kariña, macuxi, mojeño, pemón (arekuna, kamarakoto, taurepán), triqui, tehuelche, guajajara, seminole, popoloca, terena, potawatomi, cora, jivi/guajibo/sikuani, mame, yanomami, yaqui, cuicateco, shipibo-conibo, mocoví, yaqui, tlingit-haida, pampa, chayahuita, mbyás,

APRESENTAÇÃO

atacameño, kumanagoto, añú/paraujano, huave, tohono o'odham, comanche, piaroa, potiguara, xavante, mura, cheyenne, ava katu eté, aleut, llacuash, nivaclés/chulupíes, leni lenape, tepehua, osage, paí tavyterás, rankulche, xinka santa, charrúa, puget sound salish, kokama, atacama, munduruku, guarayo, paiute, crow, sateré mawé, chaima, kanjobal, pame, pataxó, kiowa, movima, shoshone, mebêngôkre kayapó, pima, baré, cocama-cocamilla, matsiguenga, tacanha, achual, yakama, huni kuin, ottawa, yukpa, ute, itonama, chachi, huambisa, awakateka, K'iche, tupinanbá, tupinikin, krenak, kuna, e tantos outros. Não são folclore, não são histórias de um passado primitivo. São memória viva e somam hoje mais de vinte milhões de pessoas, além de inúmeras aldeias não nomeadas ou contabilizadas e todas as comunidades quilombolas.

Se os nomeio, é para que lembremos que eles estão aí, nomeando-se e nomeando o mundo, pensando-se e pensando o mundo, trabalhando-se e trabalhando o mundo. Re-existindo! Cada um desses grupos tem seus próprios sistemas de crenças, suas próprias ciências e tecnologias. Muitos desses grupos constituíram civilizações complexas e alcançaram avanços filosóficos, científicos e tecnológicos na agricultura, na matemática, na astronomia que ultrapassavam os conhecimentos dos europeus da época, e ainda têm muito a ensinar às limitadas compreensões de mundo do homem moderno – que nega a diferença e a diversidade, objetifica a vida e perde experiência, como diria Walter Benjamin, ao ficar apegado ao seu particularismo universalizado, seu individualismo, seu binarismo.

A calamidade climática resultante dos desmatamentos e poluição desenfreada, o aumento de câncer por alimentação industrializada e consumo de agrotóxicos, os altíssimos índices de depressão, além das doenças de caráter epidêmico e pandêmico, somados à ascensão neofascista, obriga-nos mais uma vez a ler a história a contrapelo, a nos deparar com o cinismo do antropoceno, a assumir o equívoco filosófico de tomar o sujeito ocidental como universal, e a correr contra o tempo na recuperação daquilo que insiste em resistir à destruição desenfreada e ao genocídio dos últimos cinco séculos. O nazifascismo já estava ali, ali ao lado, denuncia Aimé Césaire, nos extermínios e campos de trabalho escravo nas Américas, África e Ásia. Apenas bateu à porta daqueles que se pensavam assegurados pelos paradigmas do mundo ocidental. A máscara branca está caindo. E atrás dela, resistiram peles negras, vermelhas, amarelas. É de corpos multicoloridos que vem o resgate e as *Ideias Para Adiar o Fim do Mundo*, de Ailton Krenak, ou evitar *A Queda do Céu*, como ensina Davi Kopenawa.

Não basta apenas, como fez grande parte da teoria crítica moderna, reconstruir o edifício. Frantz Fanon nos alerta que é necessário revisitar o alicerce e destruir suas "carcomidas bases", estruturadas no racismo, no narcisismo, na colonialidade, no capitalismo e no patriarcado. A descida ao inferno requer coragem, mas antes de tudo, companhia. Diferente da pretensa ascensão espiritual dos homens brancos – da ascese rigorosa, moral e solitária, enquanto empregados ou esposas preparam a comida e os filhos não incomodam o exercício da razão dentro de escritórios revestidos de móveis feitos em madeiras de lei roubadas das florestas – as estratégias contra coloniais são compartilhadas, estão na comunidade, no quilombo, na aldeia. Enquanto eles buscam garantir a não fragmentação do espírito no pós-morte, fragmentam-se em vida, compartimentam a vida, disciplinam a alma.

Diferentemente da busca incessante por autoria, inovação e originalidade do mundo moderno, em Teyolía nos deslocamos de original para originário, trazendo um pensamento crítico latino-americano que caminha com humildade ao lado dos saberes ancestrais, passados de geração em geração, principalmente, mas não só, pela oralidade dos povos de Abya Yala. Não só, pois os sistemas de escrita de vários povos eram bastante sofisticados, e hoje linguistas de várias regiões do mundo se dedicam a recuperar, traduzir e provar o imenso conhecimento já adquirido muito antes da chegada dos europeus. Conhecimento que não precisou de individualismo, alienação, separação corpo-espírito, objetificação, desencantamento do mundo, mercantilização dos corpos etc., para fazer ciência.

Muito pelo contrário, o milho, por exemplo, criado intencionalmente e manejado de diversas formas pelos povos da Mesoamérica chega hoje a mais de 150 espécies e há quatro mil anos já havia se disseminado por todo o território. Além de ser um alimento criado,

APRESENTAÇÃO

manejado, comercializado em todo o continente há milênios, o milho é um alimento sagrado, componente fundamental dos mitos de criação para diversos povos. Apesar de terem criado o milho, os *hombres de maiz* são feitos do próprio milho conforme as concepções mesoamericanas. E participaram dessa feitura larvas, abelhas, formigas, coordenadas por um deus que não é imagem e semelhança do homem, é antes Quetzalcóatl, a serpente emplumada, misto de cobra e pássaro. Os saberes ancestrais de Abya Yala são um insulto à arrogância ocidental que se pretende tão afastada da natureza e tão superior a todas as formas de vida. É principalmente sobre essa não separação, não dicotomização da existência, que precisamos aprender com urgência.

Outro exemplo, o mel e a criação de abelhas. São dos povos *mayas* que datam os textos mais antigos sobre a criação sistematizada de abelhas, o manejo racional de colmeias. No *Códice de Madrid* ou *Códice Trocortesiano*, análises recentes encontram calendários de manejo das colmeias, desenhos detalhados das estruturas das abelhas dignos de um entomologista, desenhos da abelha-rainha sobre os discos de cria, dos *jobones* (troncos de madeira em que as colmeias eram manejadas), desenhos dos usos rituais do mel, além da presença da divindade Ah Mucen Cab (o que guarda o mel), considerado o deus das abelhas. Há casos em que Ah Mucen Cab é representado de cabeça para baixo guardando correspondência com o deus descendente, associado ao sol poente, a comunicação entre o céu e a terra, assim como com a criação do mundo. Em *Chilam Balam de Chumayel*, Ah Mucen Cab é narrado como aquele que vendou os olhos dos deuses no momento do despertar da terra. Em algumas interpretações, o deus descendente é representante do planeta Vênus, o que guardaria correspondências com a antroposofia, que atrela as abelhas ao mesmo planeta. Ainda nos escritos de *Chilam Balam de Chumayel* e no *Ritual de los Bacabes*, são encontradas diversas referências ao uso do mel. Neste último principalmente, ele compõe ingrediente de inúmeras receitas médicas para tratar todo tipo de doenças, já antecipando conhecimentos que a ciência moderna comprovou recentemente sobre o uso de mel, própolis e pólen.

De acordo com a mexicana Laura Elena Sotelo Campos, profunda conhecedora do *Códice de Madrid*, os *mayas* dividem as possibilidades de existência dos animais entre *ba'alche' k'aax*, as zonas naturais das florestas, montanhas, cerros e vales, e *alak'*, as zonas domésticas. Esta última zona é partilhada por homens e abelhas. Conforme alguns sacerdotes tradicionais, o destino das pessoas e o destino das abelhas é o mesmo, compreensão que apenas agora o homem ocidental busca entender.

Veja como não se trata de um movimento romântico e idealizador de afirmar que não há divisões e hierarquias entre os povos originários. Mas elas operam por outras lógicas. O problema do Ocidente não é que suas lógicas, ciências, fé, não sejam verdadeiras; apenas que são parciais e tentam se impor ao restante do mundo como verdade única, como história única, linear, de olhares enviesados que silenciam, invisibilizam, tentando apagar tudo que é diferente, diverso, estrangeiro, infamiliar. Tornam-se falsas ao se imporem como universais.

Anna Turriani ⋆

⋆   Psicóloga e psicanalista, mestre e doutoranda em Humanidades. Integrante do Coletivo Margens Clínicas e cocoordenadora da Rede Para Escutas Marginais (REM). É dançarina, permacultora e cria abelhas.

INTRODUÇÃO

CULTURAS MESOAMERICANAS

México e vários países centro-americanos ocupam o espaço cultural da Mesoamérica. Aqui, desde o ano 1500 antes de nossa era, surgiram e se desenvolveram algumas das mais antigas e importantes culturas da humanidade, entre elas a *olmeca*, a *tolteca*, a *teotihuacana*, a *maya*, a *mixteca*, a *zapoteca*, a *totonaca*, a *p'urhépecha* e a *nahua*. Ainda que sejam muito diferentes, essas culturas compartilharam territórios, se originaram umas das outras e interatuaram constantemente durante milhares de anos, o que explica suas profundas semelhanças e afinidades.

As culturas mesoamericanas têm vivido uma mesma história. Primeiro se aliaram, se enfrentaram e invadiram umas às outras nas guerras da época pré-hispânica. Logo, desde a conquista espanhola no século XVI, sofreram a mesma violência etnocida colonial e neocolonial, capitalista e imperialista, que lhes causou severos danos e as mutilou de modo irreparável. No entanto, mesmo nas piores condições, têm conseguido resistir e subsistir até nossos dias, preservando uma grande parte de seu patrimônio cultural.

O patrimônio cultural mesoamericano inclui um caudal imenso de tecnologias, conhecimentos e crenças, assim como formas únicas de trabalho, consumo, alimentação, vestimenta, cultivo da terra, interação social, organização comunitária, expressão artística, educação de crianças, tratamento de doenças e administração da justiça. Entre os componentes desse patrimônio cultural estão as concepções da subjetividade às quais dedico o presente livro. Essas concepções se aproximam das ideias psicológicas das culturas modernas europeias ocidentais, mas se diferenciam delas por muitas razões, entre elas, o princípio de não objetificar o subjetivo, não recluí-lo em uma interioridade individual, nem abstraí-lo de todo restante.

MESOAMÉRICA NA GENTE

As concepções mesoamericanas de subjetividade não são coisa do passado. Conservam-se de algum modo entre milhões de indígenas, mas também entre dezenas de milhões de pessoas nas quais não se perdeu por completo a herança cultural dos povos originários de México e América Central. Essa herança permanece viva no seio de imensas populações culturalmente mestiças.

Por trás da aparência de mestiçagem, devemos reconhecer o que ninguém mostrou tão bem como Guillermo Bonfil Batalla: a "oposição inconciliável" entre duas civilizações, a europeia e a mesoamericana, talvez "interpenetradas" entre si, mas nunca "fundidas" e sempre "confrontadas", lutando uma contra a outra, uma dominando e a outra resistindo obstinadamente[1]. A Mesoamérica resiste como civilização. Embora assediada e sitiada por antigas e novas formas de colonialismo, essa civilização conseguiu sobreviver por meio dos povos do México e da América Central.

São as pessoas que tornam possível que o mesoamericano continue resistindo, persistindo e subsistindo nas mais diversas esferas, incluindo a subjetiva. Não é exagero dizer que a maioria dos mexicanos e centro-americanos, mesmo aqueles que migraram para os Estados Unidos, continuam concebendo a si mesmos, em parte, por meio de padrões provenientes das culturas nativas. Isso deveria ser razão mais do que suficiente para que as concepções mesoamericanas de subjetividade fossem estudadas ao menos em cursos de psicologia da região, o que não acontece por diversas razões, como a alienação colonial e o racismo cultural que reina entre os psicólogos latino-americanos.

RACISMO E COLONIALISMO NA PSICOLOGIA

É habitual que intelectuais, acadêmicos e profissionais da psicologia latino-americana só se permitam conceber a subjetividade por meio de perspectivas teóricas europeias ou estadunidenses. Isso, obviamente,

INTRODUÇÃO

não os impede de estudar o indígena mesoamericano, mas sempre com a condição de que este permaneça em seu lugar: o do sabido e não o do saber, o da coisa estudada e não o do olhar de quem estuda, o de objeto e não o de sujeito – nem o da teoria, nem o da metodologia. O conhecimento deve ser ocidental, ao passo que o indígena só pode ser conhecido; conhecido e objetificado como tudo que se conhece na psicologia, como os processos básicos, os complexos inconscientes ou os transtornos mentais.

A quase nenhum psicólogo mexicano ou centro-americano ocorreria levar a sério uma pessoa indígena, dialogar com ela como uma colega, lê-la como uma autora, ou simplesmente prestar-lhe atenção como alguém de quem se tem algo que aprender no campo psicológico. Para que seu ensinamento fosse valorizado, deveria antes estudar psicologia, preferencialmente até o doutorado, mas então já não seria ela mesma como indígena, senão ela como psicóloga, quem seria levada a sério. Aprender-se-ia dela porque haveria se *desindigenizado*.

Ao menos entre os psicólogos de México e América Central, o indígena como tal não é alguém a quem se escute como professor. É preferível vê-lo e tratá-lo como um paciente ou uma pessoa qualquer que ignora tudo que o especialista da psicologia sabe ou saberá sobre ele depois de entrevistá-lo e estudá-lo. O saber aqui é o do psicólogo, enquanto os povos originários têm somente comportamentos, atitudes, cognições, ideias, opiniões, crenças ou representações e, no melhor dos casos, inspiradores flashes de sabedoria que devem ser retraduzidos aos termos de uma teoria psicológica estrangeira para que se aprecie toda sua relevância e seu profundo significado.

CONCEPÇÕES EUROPEIAS E ESTADUNIDENSES

Quando os psicólogos concordaram em estudar os povos mesoamericanos, geralmente o fizeram do ponto de vista de seus mestres europeus ou estadunidenses. Os italianos GiacintoViola e Mario Bárbara guiaram José Gómez Robleda[2] em suas aproximações aos *p'urhépechas*, *zapotecas* e *otomíes*. Em reflexões mais gerais sobre o núcleo indígena da mexicanidade, Santiago Ramírez[3] e Francisco González Pineda[4] seguiram o austríaco Sigmund Freud, enquanto o alemão Erich Fromm foi a principal referência para Aniceto Aramoni[5]. Livia Sedeño e María Elena Becerril[6] preferiram estudar as crianças *nahuas* por meio dos registros conceituais etnopsiquiátricos e psicanalíticos dos franceses Georges Devereux e Jacques Lacan. O suíço Carl Gustav Jung foi a escolha lógica para as especulações esotéricas de Manuel Aceves[7] sobre a ancestralidade na alma do mexicano.

Na tradição empírica e cientificista, indo de Ezequiel Cornejo Cabrera[8] até a etnopsicologia de Rogelio Díaz-Guerrero[9] e seus seguidores, o que vemos prevalecer é a psicologia dominante com sua profusão de pesquisadores majoritariamente estadunidenses. A suposta distinção entre o ponto de vista do investigador, *etic*, e o do nativo, *emic*[10], sempre foi traçada dentro da perspectiva particular universalista da ciência ocidental[11]. É o mesmo que acontece com outras formas étnicas ou comunitárias de sensibilidade que não deixam de pensar nos povos originários por meio de conceitos e modelos forjados na Europa e nos Estados Unidos. Como exemplo, as teorias da identidade social do polaco-britânico Henri Tajfel e da identidade étnica dos estadunidenses Jean S. Phinney e Anthony D. Ong orientam a Guitart, Rivas e Pérez[12] em seu estudo quantitativo dos povos indígenas em Chiapas. Esses mesmos povos também foram abordados quantitativamente por Guitart e Sánchez Vidal[13] por meio do conceito de "sentido psicológico de comunidade" do psicólogo comunitário nova-iorquino Seymour B. Sarason.

Em todos os casos, temos formas europeias ou estadunidenses de conceber o subjetivo da Mesoamérica, mas não as próprias concepções mesoamericanas de subjetividade. Quase nenhum psicólogo está interessado na forma como os povos indígenas concebem a si mesmos por meio de suas próprias categorias particulares de análise e interpretação. O que interessa é como podemos analisar esses povos, interpretá-los e compreender sua particularidade por meio de repertórios de categorias

INTRODUÇÃO

forjados em instituições universitárias no Texas e em Iowa, Boston e Nova York, Viena e Paris.

É desnecessário dizer que não há nada de condenável em recorrer a autores de qualquer parte do mundo ao se pesquisar a subjetividade na Mesoamérica. Apenas parece suspeito, para dizer o mínimo, que o mesoamericano apareça sempre no que é pesquisado e jamais na perspectiva teórica da pesquisa. É suspeito que essa perspectiva, como posição privilegiada exclusiva do Primeiro Mundo no Terceiro Mundo, abrace o estadunidense, o suíço, o austríaco, o alemão ou o italiano, mas nunca o indígena[14].

É como se estivesse estritamente proibido para a própria cultura pensar em sua esfera subjetiva. Como se a autoconsciência psicológica fosse um privilégio da civilização europeia e de sua extensão estadunidense. O fato é que as teorias provenientes da Europa e dos Estados Unidos, assim como suas versões locais, monopolizam o ambiente acadêmico e profissional da psicologia latino-americana. Não há aqui nenhum lugar para as concepções mesoamericanas de subjetividade[15].

FONTES E LIMITES

Se quisermos conhecer como os povos originários da Mesoamérica concebem a si próprios, não encontraremos praticamente nenhuma informação entre os psicólogos mexicanos e centro-americanos. Teremos de procurar em outros lugares, entre os próprios povos indígenas ou entre aqueles que souberam escutá-los, tais como religiosos do período colonial ou etnólogos, antropólogos e historiadores dos últimos séculos. Foi a eles que recorri ao levar a cabo a pesquisa que se apresenta nas páginas seguintes.

Minhas principais fontes primárias foram textos antigos mesoamericanos, como o *Popol Vuh*, o *Ritual de los Bacabes* e o *Rabinal-Achí*, os cantos de poetas *nahuas* como Nezahualcóyotl ou Ayocuan Cuetzpaltzin, o *huehuehtlahtolli* e as demais palavras transmitidas pelos informantes de Bernardino de Sahagún, Andrés de Olmos e outros espanhóis do século XVI, bem como orações, relatos ou testemunhos recolhidos por pesquisadores que trabalham em áreas indígenas e também reflexões de antropólogos e outros pesquisadores pertencentes aos próprios povos originários. Quanto às fontes secundárias, vão desde Vasco de Quiroga e Bartolomé de las Casas a Carl Lumholtz, Jacques Soustelle, Calixta Guiteras Holmes, Miguel León--Portilla, Carlos Lenkersdorf, Patrick Johansson, Alfredo López Austin e Roberto Martínez González, entre muitos outros.

A forma como utilizei minhas fontes pode parecer pouco usual, demasiado livre e, por vezes, pouco rigorosa, mas isso é porque não aspiro inserir-me nas tradições de pesquisas antropológicas e etnológicas, para as quais nem sequer estou qualificado. Meu campo é a psicologia. É nesse campo em que talvez eu esteja me precipitando, tentando abrir um caminho que ainda não existe.

Percebo uma possível precipitação em meu trabalho não só porque estou consciente de sua falta de precedentes, mas também porque reconheço dolorosamente que não sou a melhor pessoa para realizá-lo, uma vez que não pertenço a nenhuma comunidade indígena e nem sequer compreendo ou falo uma língua mesoamericana. Trabalhei com traduções espanholas e tentei compreendê-las a partir de minha perspectiva, exterior aos povos originários, perdendo assim tudo o que é intraduzível e incompreensível para quem está de fora. Isso limita irremediavelmente o âmbito de meu trabalho, representando uma falha que não posso pretender remediar ou compensar, nem com minha pesquisa bibliográfica, nem com minhas experiências em comunidades indígenas, e menos ainda com minha pertença, como produto de miscigenação cultural, à civilização mesoamericana.

PRECEDENTES

Apesar da natureza limitada, meu trabalho é necessário para abrir caminho para as pessoas indígenas na psicologia do México e da América Central. Esse caminho, como já avisei, ainda não existe, mas há pelo menos um rastro deixado por pesquisas e reflexões pioneiras que abordaram as ideias psicológicas mesoamericanas em geral[16] ou em suas expressões particulares

INTRODUÇÃO

maya[17], *nahua*[18], *p'urhépecha*[19], *maya k'iche'*[20], *tseltal*[21], *tsotsil*[22] e *tseltal, tsotsil, ch'ol* e *tojolab'al*[23], entre outras. Há também estudos que têm considerado noções mesoamericanas do subjetivo num quadro teórico-metodológico alheio a elas[24]. Em todos os casos, as obras são relativamente recentes, tendo sido publicadas nos últimos vinte anos[25].

Quando saímos do contexto mesoamericano, descobrimos que a chamada "psicologia indígena" tem se desenvolvido já faz meio século no continente asiático, onde constitui uma tradição crítica potente, importante e influente, promotora de um saber psicológico próprio, específico de cada povo, nem importados nem universalizados[26]. Encontramos uma proposta equivalente na África, a psicologia africana, que também tem uma longa história[27]. No contexto latino-americano, talvez a mais próxima dessas correntes seja a psicologia ancestral indígena desenvolvida na Colômbia há alguns anos[28].

Mas é significativo que a indigenização da psicologia latino-americana tenha tardado tanto e ainda seja tão marginal, tão minoritária, em comparação ao que está acontecendo em outros continentes. Talvez tenhamos aqui mais uma evidência, uma entre muitas, da duração, amplitude, profundidade e do sucesso inegável do colonialismo na América Latina. Após cinco séculos de alienações culturais respectivamente espanhola-portuguesa, francesa, inglesa e estadunidense, é compreensível que os mestiços latino-americanos tendam a esquecer que não são unicamente o que a psicologia dominante europeia-estadunidense os considera.

Esquecemos não só nosso ser indígena, mas também a maneira indígena de nos ver, nos pensar e nos conhecer. O que tem sido esquecido é a psicologia indígena e não apenas seu objeto. Entretanto, como já dissemos, isso não significa de forma alguma que o que foi esquecido esteja perdido. Pelo menos no caso do qual aqui nos ocupamos, as concepções mesoamericanas da subjetividade estão vivas, tão vivas quanto o sujeito ao qual se referem. Essa vida é a que dá sentido ao que está escrito nas páginas seguintes.

RETROALIMENTAÇÃO E QUESTIONAMENTO

Coloquei à prova os sentidos que atribuo a este livro ao antecipar partes de seu conteúdo em várias publicações e apresentações orais. Uma e outra vez recebi valiosas devolutivas que me permitiram corrigir, ajustar, aprofundar ou enriquecer meu trabalho. O resultado final deve muito às contribuições daqueles que assistiram a minhas aulas e palestras, realizadas entre 2018 e 2020, na Universidade das Filipinas em Quezon City, na Universidade Nacional da Costa Rica em Heredia, na Universidade Católica Luis Amigó da Colômbia em Medellín, na Universidade Michoacán de San Nicolás de Hidalgo, na Universidade de Ciências e Artes de Chiapas, na Universidade de Tijuana, na Universidade Autônoma de Tlaxcala e no Instituto Mexicano de Acompanhamento Existencial. Também fui auxiliado por aqueles que comentaram meus textos publicados em várias mídias, incluindo redes sociais, meu blogue e algumas revistas acadêmicas[29].

Mesmo depois de ter lidado com muitos questionamentos que me fizeram, continuo me expondo a duras críticas ao publicar o presente livro. Tudo nele é passível de objeção e é discutível. Tudo, não apenas o uso incomum das fontes como acima mencionado, mas a própria ideia de concepções mesoamericanas da subjetividade.

O "subjetivo" realmente corresponde ao que descobrimos nos povos originários mesoamericanos? Para começar, o conceito de "Mesoamérica" é válido para designar globalmente a cultura à qual estamos nos referindo? Ainda temos o direito de usar esse conceito quando conhecemos os argumentos convincentes com os quais o conceito foi contestado por Jorge Mario Flores Osorio[30] no próprio campo em que trabalhamos?

Colocando em questão tudo o que será apresentado nas páginas seguintes, as perguntas recém-levantadas não podem ser ignoradas ou deixadas de lado. Devem ser abordadas o mais rápido possível. Exigem esclarecimentos que, a partir de agora, serão dados separadamente para o que iremos designar mesoamericano e subjetivo.

INTRODUÇÃO

O MESOAMERICANO

Comecemos com o conceito de "Mesoamérica" e recordemos que foi proposto pelo filósofo, etnólogo e antropólogo Paul Kirchhoff[31] para designar uma grande área cultural abrangendo a metade meridional do México, Belize, Guatemala e El Salvador, assim como a porção ocidental de Honduras, Nicarágua e Costa Rica. O próprio Kirchhoff justificou o uso de um único termo para a designação de regiões tão diversas pelos elementos culturais que tinham em comum na época pré-hispânica e que foram, por sua vez, herdados pelas populações indígenas da mesma área. É o caso do estilo de vida sedentário, o uso do bastão de plantio em forma de *coa*[32], o cultivo de milho, feijão, pimenta, abóbora, tomate, abacate, agave e cacau, a nixtamalização, as pirâmides escalonadas, o jogo ritual de bolas, os sacrifícios humanos com fins religiosos, os dois calendários – civil de 365 dias e ritual de 260 dias –, a divinização da natureza, a herança *tolteca* e as crenças nas criações sucessivas da terra, nos além-mundos e a difícil viagem através deles após a morte.

Devemos levar a sério os elementos culturais comuns nos quais se baseia o conceito de "Mesoamérica". São certamente muitos, e muito fundamentais e determinantes para serem considerados irrelevantes ou aleatórios. O problema é que eles também são muito heterogêneos e dispersos. Portanto, entendemos Flores Osorio quando considera que esses elementos culturais não indicam necessariamente a existência de uma "unidade cultural" designada pelo conceito de Mesoamérica. Esse conceito, segundo o mesmo autor, denunciaria a insuficiência do método indutivo com o qual foi formulado e serviria para ignorar as "diferentes condições" dos grupos a que se refere, a "especificidade" de suas distintas histórias e suas "particularidades étnicas, linguísticas e culturais"[33]. Tudo seria achatado ao ser descrito em bloco, de fora, por meio de um conceito estrangeiro, alheio ao que descreve, julgado "eurocêntrico" e "neocolonial" por Flores Osorio[34].

Na visão estrangeira de um autor europeu como Kirchhoff, a infinita e irredutível diversidade dos povos originários do México e da América

Central acabaria se dissolvendo em um único conceito no qual se enfatiza o comum à custa do diverso. Tal dissolução da diversidade é um risco real contra o qual devemos estar prevenidos. Farei meu melhor para evitá-lo, sempre me referindo às concepções particulares de subjetividade em cada grupo étnico. Porém, ao mesmo tempo, vou tentar desentranhar nelas aquilo que têm em comum e que as torna globalmente diferentes de nossa psicologia. É para me referir a isso que têm em comum que preciso do conceito de "Mesoamérica".

Além disso, minhas referências à Mesoamérica não se justificam apenas pelos denominadores comuns dos vários povos originários da região. É preciso lembrar que os elementos compartilhados não são o fundamento último do conceito de "Mesoamérica", mas que eles mesmos se explicam, em um nível mais fundamental, pela contiguidade geográfica e interpenetração histórica entre os vários grupos étnicos e linguísticos da região. Esses grupos, como demonstrou Kirchhoff, "se viram unidos por uma história comum que os confrontava como um conjunto em relação a outras tribos do continente, ficando seus movimentos migratórios confinados, como regra geral, dentro de seus limites geográficos, uma vez ingressados na órbita da Mesoamérica"[35]. Foi assim que os diferentes grupos interagiram constantemente durante vários séculos, influenciando-se mutuamente, aprendendo incessantemente uns com os outros, a ponto de constituírem uma única civilização com todos os elementos comuns identificados pelo próprio Kirchhoff.

O que nos permite falar de uma civilização mesoamericana, como explicou Bonfil Batalla, não é apenas que os povos compartilham certos elementos culturais, mas também que "eles têm uma origem comum, são o resultado de um processo civilizatório único, o que lhes dá uma unidade básica além de quaisquer diferenças e particularidades". Essa unidade básica é fundamental para as concepções de subjetividade que apresentaremos aqui. Como o próprio Bonfil Batalla destacou, os povos mesoamericanos compartilham "um plano geral de vida que dá transcendência e sentido aos atos do homem, que o situa de certa forma em relação com a natureza e com o universo, que dá coerência a seus propósitos e valores, que

INTRODUÇÃO

lhe permite mudar incessantemente de acordo com as vicissitudes da história sem desvirtuar o sentido profundo de sua civilização"[36]. Tudo isso é o que integra as várias concepções mesoamericanas de subjetividade que vou apresentar neste livro.

Apesar de tudo o que foi dito até aqui, minhas referências à Mesoamérica não deixarão de ser problemáticas, não apenas por sua extrema generalização, o que se pagará com certa imprecisão, mas também por uma visão a-histórica e descontextualizada, na qual pressuporei certa continuidade entre os povos originários pré-hispânicos e os de hoje, completando, explicando e elucidando uns por meio dos outros, como se fossem os mesmos, como se não tivessem sido irremediavelmente separados pela ruptura brutal da conquista e da colonização. Embora reconheça tal ruptura e a evoque em algum momento, acentuarei o que não se rompeu e, talvez, às vezes incorra no gesto político de essencializar, idealizar e enaltecer, denunciando meu compromisso com aquilo de que me ocupo. Meu modo de proceder parecerá ainda mais insustentável se considerarmos, como já adverti, que não pertenço a nenhum dos povos originários mesoamericanos e nem sequer conheço suas línguas, o que, infelizmente, me impedirá de aprofundar cada um dos temas que analisarei. Minha análise, portanto, será tão superficial quanto vaga, generalista e pontualmente essencialista, mas nem por isso deixa de ser necessária para que nós, psicólogos, consideremos o que fazemos à luz desse inabarcável que nomeamos Mesoamérica.

O SUBJETIVO

O mesoamericano inclui as concepções de subjetividade que tentarei reconstituir. Isso nos leva ao segundo ponto questionável deste livro. É correto falar de subjetividade no espaço cultural mesoamericano? Por que não usar noções tão plenas de sentidos como "humanidade" ou "psiquismo"? Por que preferir um termo tão vago e vazio como "subjetividade"?

Se opto pelo "subjetivo" em vez do "humano" ou do "psíquico", é porque as concepções mesoamericanas às quais me refiro, como poderemos apreciar, ultrapassam qualquer definição de humanidade ou psiquismo. Também não se trata exatamente de ideias antropológicas ou psicológicas, mas de concepções diferentes de algo para o qual não há uma palavra exata na pobre língua espanhola. Não sendo possível designar com precisão o que é, prefiro não traí-lo, o que faria se o especificasse como o que não é. Não sendo exatamente o que se costuma entender por "psíquico" ou "humano", é melhor deixá-lo em suspenso chamando-o de "subjetivo".

Meu propósito principal será mostrar como as concepções mesoamericanas de subjetividade podem nos servir para criticar a psicologia que domina há mais de um século, não apenas nos âmbitos científicos e acadêmicos do mundo inteiro, mas também em todas as sociedades avançadas, todas elas mais ou menos afetadas por um processo de psicologização que molda as representações da humanidade e que medeia as relações entre os seres humanos. Esse processo provocou a expansão global de uma psicologia de origem europeia e estadunidense intimamente ligada à modernidade capitalista, na qual se promove a representação ideológica de um sujeito radicalmente dessubjetivado e objetificado, simplificado e generalizado, assim como essencializado, individualizado e desvinculado, masculinizado e aburguesado, possessivo e competitivo, dividido em corpo e alma, mas ao mesmo tempo abstraído arbitrariamente do resto do mundo. Tentarei mostrar como tal sujeito, que talvez nem seja mais um sujeito, difere substancialmente da subjetividade concebida pelos povos mesoamericanos: uma subjetividade na qual se preserva muito do que é cotidianamente destruído pelo sistema capitalista colonial e neocolonial com seus dispositivos psicológicos e psicologizadores.

Pressupondo a existência de algo subjetivo destruído no capitalismo e preservado no pensamento mesoamericano, adoto uma perspectiva universalista que diverge tanto do multiculturalismo pós-moderno quanto dos relativismos e particularismos reinantes na etnologia e na antropologia. É nessa perspectiva, de inspiração marxista e freudiana, que se

INTRODUÇÃO

funda o duplo impulso de crítica e adesão, de luta e desejo, de "ação e amor", que me faz debater contra o inexorável europeu e me voltar para o imprescindível indígena da Mesoamérica, seguindo o movimento já insinuado há mais de meio século por Luis Villoro[37]. Digamos que tomo partido dos povos originários mesoamericanos. Assim faço porque tenho a firme convicção de que esses povos, como os proletários de Karl Marx ou as histéricas de Sigmund Freud, têm razão contra a desrazão do capitalismo europeu-estadunidense com suas manifestações ideológicas, entre elas as psicológicas: uma desrazão que não está apenas devastando o planeta, mas também vem suprimindo muito do que podemos chegar a ser como sujeitos.

Nas páginas seguintes apresentarei vários aspectos subjetivos geralmente negados e anulados pela modernidade capitalista e por sua psicologia, mas ainda considerados, refletidos, cultivados e salvaguardados nas culturas dos povos originários da Mesoamérica. A perspectiva que essas culturas nos oferecem nos permite, por um lado, apreciar o que estamos deixando de conhecer e estamos perdendo e, por outro, intuir por que não conseguimos nem reconhecer nem preservar essas coisas. É assim que as concepções mesoamericanas de subjetividade podem constituir uma arma eficaz ao nos relacionar criticamente com o capitalismo, com seu dispositivo psicológico e com aquilo que nos converteram e que continuam a nos converter. Isso em que nos convertem, isso que já somos em grande parte, embora afortunadamente não por completo, é o que terei que contrastar com as visões dos povos originários da Mesoamérica neste livro, dos povos indígenas aos quais tão mal temos feito e com os quais tanto podemos aprender.

I:
VARIABILIDADE
E MULTIPLICIDADE

A ARTE DE NÃO SER OS MESMOS

Os povos originários mesoamericanos, diferentemente do que se poderia crer, não excluem as mudanças individuais. O indivíduo não é para eles alguém que deva se manter recluso em uma identidade fixa e imutável. Ao contrário, sua variabilidade resulta inevitável, necessária, inclusive desejável, e pode chegar a ser maior que a admissível para nós e para nosso pensamento psicológico.

Nossa psicologia parte do princípio de que não deixamos de ser quem somos ao nos transformar. Inclusive quem enlouquece continua sendo quem é ao enlouquecer. Digamos que nossas próprias transformações destacam também o que somos e estão estritamente limitadas por nossa identidade individual. Esse limite parece não ser tão estrito entre os indígenas mesoamericanos, que, frequentemente, se veem autorizados e inclusive impelidos a se metamorfosear até deixar de ser idênticos a si mesmos e se tornarem outros, absolutamente diferentes de si mesmos, irreconhecíveis.

Temos uma bela metáfora da variabilidade indígena na figura do bruxo, do *nahual*, com sua "capacidade de transformação" e "transfiguração voluntária" através da qual se converteria em outros seres humanos e não humanos[1]. A mesma variabilidade se observa no costume do indígena de ser outro na vida onírica e nos transes provocados por substâncias alucinógenas. Pedro Pitarch Ramón observa aqui dois "estados não ordinários de identidade" que ilustram como os habitantes da Mesoamérica têm se "dedicado a cultivar refinadamente a arte de não ser eles mesmos"[2]. Talvez seja mais correto dizer que sua arte consiste em seguir sendo *eles mesmos* ao não ser *os mesmos*, ao ser outros, ao ser muitas coisas diferentes.

A arte da variabilidade não só é cultivada por meio dos sonhos e viagens alucinatórias, como também nas decisões que orientam o rumo e a representação da vida para os povos originários. Os indígenas, como observou o próprio Pitarch Ramón, entendem sua existência como um processo no qual vão "se alternando e mudando". Tal processo é narrado como uma "acumulação de experiências" através de uma "sucessão de conversões"[3]. O sujeito se converte em outro, uma e outra vez, para experimentar plenamente cada novo papel que interpreta.

OS CARGOS DE JUAN PEREZ JOLOTE

Os papéis interpretados pelo indígena são mais que simples papéis. Circundam a subjetividade de quem os interpreta. Transformam-no em um outro que de algum modo possui o sujeito que interpreta esse outro. Isso se observa muito bem no sistema de cargos.

O cargo domina interiormente quem o exerce. Como explicou Calixta Guiteras Holmes em seu clássico estudo sobre os *tsotsiles* de San Pedro Chenalhó, o cargo é um "emprego da alma" que pode prosseguir inclusive depois da morte e que dá "poderes sobrenaturais" a um sujeito que "não atua em nome próprio", mas que é "representante ou personificação" daqueles que o precederam desde o princípio dos tempos[4]. Tudo isso faz com que o cargo suscite uma transformação total na existência de quem o exerce.

O melhor exemplo das conversões existenciais pelo exercício de cargos é a obra-prima de Ricardo Pozas, a biografia do *tsotsil* Juan Pérez Jolote, que se transforma totalmente segundo os diferentes cargos que deve cumprir em sua comunidade, como o de "ancião", "fiscal", "sacristão" ou "professor". Cada cargo exige dele ser alguém diferente, como quando é "alferes" da Virgem do Rosário e "por seu cargo é uma senhora", e, como tal, constantemente "convidada" pelos homens[5]. Inclusive o gênero, tão rígido para nós, pode, assim, de algum modo mudar para os indígenas da Mesoamérica. O mesmo sucede com todo o restante.

É como se não houvesse nada na identidade individual que devesse se manter invariável ao longo das variadas funções desempenhadas na

VARIABILIDADE E MULTIPLICIDADE

comunidade. Como observou Carlos Lenkersdorf com respeito aos *tojo-lab'ales*, cada um, segundo a função comunitária que lhe corresponde, "pode ser diferente de si mesmo a cada momento"[6]. O sujeito pode mudar sem ter que trair a si mesmo. Não decepciona por ser outro. Não se excede quando se transcende.

O antropólogo *tsotsil* Jacinto Arias atribui ao maya chiapaneco uma "transcendência constante e dinâmica dos próprios limites"[7]. O que alguém tem sido não limita o que esse alguém pode ser. Cada um pode ser outro. Ninguém está capturado pelo que é, como nós ocidentais estamos, por mais que tentemos às vezes nos libertar do que somos. Nossa identidade é como uma prisão da qual talvez consigamos escapar sob a inspiração de um pensamento como o dos povos originários da Mesoamérica.

ALMAS DO SUJEITO

Uma possibilidade aberta pelo pensamento mesoamericano é a variabilidade: a de mudar, já não ser quem era, se deixar para trás e se converter em alguém ou algo diferente. Outra possibilidade é a multiplicidade: a de ser múltiplo, ser mais que um, ser vários, mas não sucessivamente, senão ao mesmo tempo. Essa segunda possibilidade se torna uma verdadeira necessidade para os povos originários que reconhecem a pluralidade anímica, a coexistência de muitas almas em um mesmo sujeito. O sujeito é então múltiplo ao estar multiplicado por seu número de almas, por duas, três, quatro ou mais, no lugar de estar condenado a ser ou crer ser somente um a cada momento, um com sua alma, com apenas um psiquismo, como ocorre a cada um de nós.

Enquanto sou, ou acredito ser, somente um com meu psiquismo, o indígena mesoamericano tem habitualmente múltiplas almas e é, de algum modo, um em cada uma delas. Carlos Incháustegui nos mostra como o *mazateco* de Oaxaca tem vários espíritos nos quais se divide e que podem ser até doze nas "pessoas malvadas"[8]. Essa multiplicidade psíquica ou anímica é uma constante nos povos mesoamericanos. Para a maior parte deles, o sujeito não é uma alma, mas tem várias almas diferentes[9].

Cada alma tem sua lógica própria, seu ponto de vista e constitui, assim, um ente independente, com força própria. O resultado é que a subjetividade, como observou Pedro Pitarch Ramón com respeito aos *tseltales*[10] de Cancuc, "é um monte de seres e vontades"[11]. É como se houvesse muitas pessoas em cada pessoa ou como se o sujeito se transfigurasse em cada uma de suas experiências.

Cada experiência individual é como um desdobramento do indivíduo pelo qual ele se torna alguém mais diferente de quem ele é. Esse fenômeno pode ser constatado de maneira clara entre os *chontales* de Oaxaca, entre os quais, como relatou Paul R. Turner, "a doença é percebida como algo que vem e vai, supostamente corporizada pela figura de uma anciã", e do mesmo modo "se considera que os desejos são tão poderosos, que pressionam para que se realizem e ninguém consegue resistir"[12]. Os desejos e as doenças possuem o indivíduo, o habitam e o dissociam de si mesmo, fazendo-o se metamorfosear neles. O mesmo acontece com outras experiências.

Talvez valha dizer que o sujeito, no lugar de ser um só com uma suposta identidade unitária, são muitos, múltiplos sujeitos. É o conjunto deles. Está repartido entre eles em uma "perspectiva fragmentária" característica das concepções mesoamericanas de subjetividade[13]. Tal fragmentação pode chegar ao extremo de conceber uma coessência do sujeito, um alter ego, um animal ou outro fenômeno que leva uma vida paralela e talvez desconhecida, como acontece no *tonalismo* e no *nahualismo*[14].

Ainda fazendo abstração dos *tonales* e *nahuales*, o sujeito mesoamericano se caracteriza mais por sua multiplicidade interna do que por sua identidade intrínseca. Seu caráter múltiplo se evidencia já nos antigos *nahuas*. Para eles, como demonstrou magistralmente Alfredo López Austin, cada sujeito está fragmentado entre as posições subjetivas correspondentes a três almas: *ihíyotl*, individual, vital e passional; *tonalli*, predominantemente racional, também individual, além de individualizante, individualizando o indivíduo, ainda que também o abandonando em sonhos ou doenças;

VARIABILIDADE E MULTIPLICIDADE

e *teyolía*, inseparável do indivíduo, mas social, coletiva, compartilhada em parte com outros seres humanos e não humanos[15]. Um mesmo sujeito é um coletivo, *teyolía*, com a natureza e com a sociedade; é outro, *ihíyotl*, com seu corpo e com sua energia vital; e outro mais, *tonalli*, com sua individualidade sempre evasiva.

Enquanto os *nahuas* descobrem em cada sujeito a coexistência e a interação complexa das entidades natural e cultural, individual e coletiva, corporal e espiritual, preferimos reduzir o sujeito a apenas uma de suas almas, considerada mais fundamental que as demais. Logo discutimos entre correntes rivais da psicologia para nos convencer uns aos outros de que a subjetividade é fundamentalmente aquilo a que a temos reduzido em cada corrente: seu corpo ou seu espírito, sua individualidade ou seu pertencimento coletivo, sua natureza ou sua constituição cultural. Nossos debates são assim; circulam entre diferentes opções reducionistas. O reducionismo é nosso ponto de acordo fundamental.

2:
EXTIMIDADE E ABERTURA

TEYOLÍA: CORAÇÃO DO POVO

Ainda quando reduzimos o sujeito a seu aspecto social, o vemos unicamente como um indivíduo socializado ou bem influenciado, educado, moldado ou, no máximo, constituído pela sociedade a que pertence. Não somos capazes de concebê-lo como os *nahuas*, por meio da noção de *teyolía*, como um *coração do povo*, como uma subjetivação da sociedade, como uma alma que é a presença mesma da comunidade, como uma ramificação do ramo comunitário. De fato, ao ser essa ramificação da comunidade, *teyolía* transcende qualquer definição atual do objeto da psicologia. A transcende ao transcender a individualidade, ao prolongar o ramo comunitário no qual já se ramifica um povo originário como o *nahua*, que, por sua vez, brota do tronco da humanidade, que faz parte da árvore de tudo que existe no universo de mineral, vegetal, animal e cultural[1].

Tudo é como uma imensa árvore que os indígenas também compõem, aparecendo como um galho de todo o resto. Se cada sujeito deve ser profundamente respeitoso com tudo a seu redor, é porque tudo isso é como um entrelaçado vivo da mesma coisa da qual ele também faz parte como um broto. A natureza inteira, a civilização humana, certo povo originário e uma comunidade específica estão presentes na *teyolía* de cada sujeito. Cada um subjetiva tudo aquilo que transcende a mesma subjetividade através da qual se personifica, se humaniza e se singulariza.

Inclusive o divino se torna humano em cada sujeito. Em cada indígena, em sua *teyolía*, se desdobram o deus familiar, o deus comunitário, o deus do grupo étnico, o deus da humanidade e o deus supremo, o de tudo que existe. Assim, por exemplo, um *otomí* está internamente unido, em sua *teyolía*, com seu deus comunitário e através dele, com *Otómitl*, deus patrono dos *otomíes* (ou *ñähñu*, como se autodenominam), e com

Quetzalcóatl, deus protetor da humanidade. Não se trata de o humano, o étnico ou o comunitário determinarem o sujeito, mas de existirem nele e através dele, são uma de suas almas, sua *teyolía*. Como bem explica López Austin, *teyolía* era uma "alma identitária" que "guardava toda a ramificação hierárquica da identidade"[2].

Teyolía transcende ao sujeito, é transcendente no que diz respeito a ele, mas ao mesmo tempo é ele, é inclusive o mais profundo nele. Chegamos assim ao penetrante paradoxo de que o mais íntimo do sujeito é a cultura, a natureza e inclusive a divindade, ou seja, o mais externo a ele. Esse paradoxo é o que o psicanalista francês Jacques Lacan, entre nós ocidentais, buscou resumir com o conceito de "êxtimo"[3]. Os indígenas mesoamericanos sempre compreenderam muito bem a extimidade e seguem plasmando sua compreensão em diversas entidades anímicas, entre elas o herdeiro direto da antiga *teyolía*, o *yolo* dos atuais *nahuas*, assim como a *mintsita* da cultura *p'urhépecha* de Michoacán e o *ool* da cultura *maya* de Yucatán.

OOL E MINTSITA: **EXTERIORIDADE ÍNTIMA**

Tanto o *ool* como a *mintsita* confirmam nitidamente a exterioridade íntima da alma. A *mintsita* da cultura *p'urhépecha*, tal como é descrita por Erandi Medina Huerta, corresponde a um "miolo" subjetivo que tem uma "essencialidade social" e no qual se insinua a "presença do outro"[4]. No que se refere ao *ool*, além de constituir a "identidade social" do sujeito, guarda sua "vontade ou desejo individual, o sentimento ou emoção em seu aspecto mais interno", como bem explica Gabriel Luis Bourdin[5]. O aspecto mais interno corresponde assim, paradoxalmente, à identidade social do *ool maya*, assim como a *mintsita p'urhépecha* designa o paradoxal miolo do sujeito constituído pela alteridade e pela sociedade.

A noção *maya* de alma identificada como *ool* é congruente com a concepção também *maya* da pessoa total como *uinic*. Ao ler Zavala Olalde, podemos perceber que o *uinic*, ainda que singular, constitui um

EXTIMIDADE E ABERTURA

"ente sociocultural", ou seja, não uma pessoa "abstrata e isolada", mas compreendida tal qual somos, como "nós", como "todos" e "os demais", como uma comunidade na própria individualidade[6]. O *uinic* é tão individual quanto comunitário. Ou melhor: é o ponto no qual o comunitário se torna individual. É um indivíduo entendido como ser individualmente comunitário, intimamente externo, "êxtimo", como sua alma, como o *ool*[7].

No mesmo universo *maya*, o *tsotsil* Jacinto Arias nos fala de um ser indígena que, não "confinado" em si mesmo como nós, tem uma existência que está "aberta" ao mundo tal como a existência do mundo se abre para ele[8]. Tal abertura faz com que o indígena *tseltal* apareça misteriosamente, aos olhos de Pitarch Ramón, como alguém que "compõe uma espécie de paisagem interna" com "fragmentos do exterior"[9]. O interior permanece aqui aberto ao exterior, contendo-o, acolhendo a comunidade e inclusive uma totalidade que abarca a natureza animal, vegetal e até mineral. Semelhante abertura contrasta com a forma em que nossa subjetividade aparece no saber psicológico dominante, como uma individualidade fechada, relativamente autossuficiente e autocontida, rodeada por uma membrana que a isola do exterior e que somente lhe permite conhecê-lo após filtrá-lo, por meio da sensibilidade e da cognição.

O estado subjetivo de mentalidade fechada e isolada é característico do "desenho standard" que Klaus Holzkamp[10] encontra em toda a psicologia. É o estado próprio do *eu* hipertrofiado na modernidade capitalista, o *eu* que Max Horkheimer vinculou acertadamente com o poder, com o "domínio patriarcal" e com a "autodisciplina" através da internalização do amo[11]. Não podemos esquecer, aliás, que este eu, o sujeito da psicologia, é um eu colonial, um eu conquistador, um *ego conquiro* que se encontra na base mesma do *ego cogito* da filosofia cartesiana[12]. René Descartes e Hernán Cortés são duas caras do mesmo. São duas negações do outro, do outro em nós, do *otro* em *nosotros*, para impôr o um, o mesmo, o eu.

43

TIK E NDOO: **TODO** NOSÓTRICO[13]

Lenkersdorf contrastou o sujeito cartesiano de nossa psicologia, o *eu* isolado e fechado em si mesmo, com o indígena "incorporado em um todo *nosótrico*", um todo que "não é a soma de tantas individualidades", mas "uma só coisa, um todo", uma "entidade qualitativamente distinta". Temos aqui uma entidade subjetiva comunitária que se expressa linguisticamente pela repetição incessante da desinência *tik*, indicativa de *nosotros* (nós), nas línguas *tseltal* e *tojolab'al* de Chiapas[14]. Falar essas línguas exige que repitamos *tik* uma e outra vez, como que nos recordando que se trata de nós, que somos nós que falamos de nós mesmos antes que de cada um de nós.

O indígena *mixteco* de Oaxaca tem uma expressão linguística equivalente ao *tik*, o *ndoo*, que opera também como uma "voz enfática" para designar o nós, assegurando que este seja recordado e representado em tudo que se diz[15]. O que aqui está implicado, como bem apontou Iliana Yunuen Rhi em sua aproximação à epistemologia *mixteca*, ou *ñuu savi*, como preferem nomear, é que "eu sou todos nós" e "todos somos eu"[16]. Nós falamos quando falo, pensamos quando penso e somos quando sou. Não caio assim na ilusão do *homo psychologicus* ocidental e de seu eu cartesiano, aquele que se imagina ser quem é quando está pensando, mas admito que meu eu é outro, que é também os demais, que meu eu é nós[17].

Os indígenas da Mesoamérica se recordam insistentemente de que somos *nosotros* (nós) que estamos em jogo em tudo que cada um de nós faz. A insistência no *nosotros* (nós), como demonstrou Lenkersdorf, não é unicamente linguística, mas também "vivencial", pois a comunidade "predomina tanto na fala como na vida, no atuar, na maneira de ser do povo". É desse modo que o indivíduo é impedido de "tomar decisões individualistas que podem ser adversas para a comunidade"[18]. O comunitário prevalece sempre sobre o individual. Não há aqui lugar para um individualismo como o que reina nas sociedades modernas.

EXTIMIDADE E ABERTURA

WEJËN-KAJËN: **EDUCAÇÃO E COMUNIDADE**

O individualismo se destaca por sua ausência nos povos originários mesoamericanos. O *chontal* de Oaxaca, por exemplo, como explicou Paul R. Turner, "não é individualista", "está orientado ao grupo", ao ente comunitário, a quem o *chontal* deixa tomar todas as decisões[19]. O poder se alicerça principalmente na comunidade. Ela tem a última palavra. É última instância, tribunal supremo e foro interno. É a subjetividade mais própria do sujeito. Isso à custa de outros agentes subjetivos, como o individual e inclusive o familiar[20].

É verdade que a família biológica pode chegar a ter um grande peso como sujeito nos povos originários mesoamericanos, nos quais a célula familiar é a que de alguma forma desempenha os cargos, herda obrigações e dívidas, e tem "reputação, prestígio e riqueza", como foi demonstrado, entre os *zapotecos*, por Joseph W. Whitecotton[21]. No entanto, assim como o indivíduo, a família permanece inserida na comunidade e aberta para ela, não havendo uma divisão rigorosa como a ocidental entre o público e o privado, senão um "continuum" que vai do doméstico-familiar ao comunitário[22]. Além disso, por mais importante que seja o familiar, seu peso como sujeito não costuma ser comparável ao do comunitário.

A comunidade tem tanta densidade subjetiva que pode inclusive assumir a responsabilidade individual. Em *tojolab'al* não se diz que "um de nós *cometeu* um delito", mas sim que "um de nós *cometemos* um delito", de tal maneira que o *nosotros* (nós) segue sendo o sujeito, e a "coesão grupal" se mantém, através, e apesar, do comportamento de cada um[23]. Portanto, o indivíduo está constituído aqui por "um conjunto de atributos parentais" e de "relações classificatórias comunitárias"[24]. São a família e especialmente a comunidade que ocupam o lugar do indivíduo.

Uma regra fundamental do pensamento mesoamericano é que o individual não pode ser abstraído do social nem sequer em suas manifestações antissociais. Diferentemente de uma psicologia europeia e estadunidense que sempre encontra um bom pretexto para nos prender em nossa individualidade, os indígenas da Mesoamérica se pensam

45

invariavelmente como entes abertos ao social. Tal pensamento, como observaram Vásquez Monterroso e Urizar Natareno, tem uma orientação decididamente "não solipsista" que leva à concepção do sujeito como alguém ligado interiormente com a comunidade, existindo como mais alguém nela, "constituído na imbricação" com ela, com uma comunidade que não é unicamente "a sociedade humana, mas a natureza e as divindades, incluindo os antepassados"[25].

A totalidade comunitária se antepõe às suas partes, que só têm sentido por sua inserção na totalidade. A existência de cada sujeito faz parte da comunidade e não pode simplesmente dissociar-se nem abstrair-se dela, porque deve contribuir para sua preservação, que, por sua vez, favorece a todos. George Clapp Vaillant, em sua clássica obra sobre os astecas, nota que a sociedade pré-hispânica "existia para benefício do grupo, cada um de seus membros devia contribuir para a conservação da comunidade", e ninguém podia eximir-se dessa obrigação, concentrar-se em si mesmo e isolar-se dos demais. Como comenta o próprio Vaillant, "um asteca teria se horrorizado diante do patente isolamento da vida individual no mundo ocidental"[26]. Mesmo hoje, esse isolamento ainda causa o horror dos indígenas que têm de emigrar diariamente[27] e deixar para trás as comunidades nas quais se inserem e pelas quais suas existências têm sentido.

A concepção comunitária do sujeito foi o que fez a educação dos antigos *nahuas* ser entendida não em um sentido individualista, como a *paideia* grega, mas em um sentido comunitarista, como uma "incorporação dos novos seres humanos à vida e aos objetivos supremos da comunidade"[28]. Essa mesma compreensão da função educativa persiste ainda em muitos povos mesoamericanos: entre os *tojolab'ales*, a educação é *nosotrificadora*, pois "conduz ao nós"[29]; entre os *mixtecos* ou *ñuu dzahui*, o processo educativo de "se converter em pessoa" exige "transpassar a fronteira entre a individualidade e a coletividade", se tornar um "ser coletivo que necessita pensar e atuar coletivamente"[30]; entre os *mixes* ou *ayuujk jää'*, a educação, entendida como *wejën-kajën*, como "despertar-desenredar" ou "desenrolar" as faculdades humanas, implica "o desenvolvimento integrado da comunidade e de todo o círculo relacional", deixando de

EXTIMIDADE E ABERTURA

lado o "êxito individual para situar a atenção nos problemas da comunidade" e, por isso, busca a "integração progressiva e permanente do sujeito nas distintas instâncias comunitárias"[31]. Em todos os casos, educar-se é se integrar na comunidade e assim se converter em um sujeito comunitário, que é o sujeito propriamente dito: o educado, já desenvolvido, plenamente realizado, constituído como pessoa.

A própria ideia mesoamericana de subjetividade comunitária proporciona a explicação de suas manifestações patológicas. Explica, por exemplo: que os *chontales* desconfiem do "individualismo" como se fosse um signo de bruxaria maligna[32]; que os *mayas yucatecos* atribuam a doença à "violação do código transacional" que rege as relações comunitárias[33]; e que os *tsotsiles* entendam os transtornos mentais como efeitos de uma "falta de harmonia" entre o doente e seu entorno, em que o primeiro "não participa das atividades do grupo, não cumpre seu propósito, viola tradições sagradas ou se comporta antissocialmente"[34]. Nos três casos, o sujeito adoece por alterar a comunidade ou se descolar dela[35].

A relação com a comunidade é a chave da doença e, portanto, é também a chave da saúde. O *tsotsil* não pode se curar a não ser pela "reconstrução" de suas relações com seu universo comunitário cultural, natural e "sobrenatural"[36]. De igual modo, o *maya yucateco* só recupera a saúde com sua "reinserção" no "complexo cultural coletivo"[37]. O sujeito só se cura quando é reincorporado à mesma totalidade à qual foi incorporado antes, mediante a educação, e da qual foi desincorporado na doença.

UINIC: ESSÊNCIA COMUNITÁRIA DO INDIVÍDUO

O indígena mesoamericano saudável, bom e educado é aquele que está bem incorporado na totalidade comunitária do universo. É aquele que está indissociavelmente unido à comunidade e centrado nela. É aquele que não existe como indivíduo isolado e centrado em si mesmo, ou seja, tal como cada um de nós existe de acordo com a psicologia dominante.

Quando um indígena tem uma existência como a nossa, é por maldade ou por falta de saúde ou de educação. Deve ser educado, ou se curar, ou se regenerar para se fundir com a totalidade.

O indígena está e deve estar tão fundido na totalidade que é difícil, praticamente impossível, concebê-lo separadamente. Nem a individualidade nem a interioridade psíquica individual têm a presença e a importância que as caracterizam nas sociedades ditas avançadas. Laurette Séjourné expressou sua perplexidade diante da "absoluta inexistência de autonomia e de consciência individual" no mundo *huave*, onde, além disso, a comunidade pensava através de indivíduos nos quais nem sequer o corpo tinha uma "realidade objetiva"[38]. Da mesma forma, Alicja Iwanska confessou seu espanto diante dos *mazahuas* pela "pouca atenção que prestavam às almas individuais", pela inexistência de heróis locais, pela importância do cargo em contraste com a personalidade individual e pela falta de "orientações cognitivas para a mesmidade"[39]. Temos aqui várias impressões que podem confirmar que a concepção mesoamericana de subjetividade, nos termos de Vásquez Monterroso e Urizar Natareno, seja a de algo "não idêntico e não essencial"[40]. Isso parece lógico, pois a essência e a identidade não estão no indivíduo, mas na totalidade, que, desde logo, também não é abarcada pela individualidade[41].

Os indígenas da Mesoamérica têm a coragem de reconhecer a irremediável inessencialidade individual, sua volatilidade, sua desintegração e fragmentação. Pitarch Ramón entendeu isso muito bem ao se aproximar dos *tseltales* de Cancuc, e por isso nos adverte que diante deles "devemos nos afastar da suposição de que uma pessoa forma um todo, que é uma soma física e psiquicamente integrada"[42]. Sua integridade reside na comunidade e só pode ser alcançada por meio da integração na totalidade comunitária. Daí que a pessoa estudada de modo separado "não seja", segundo o próprio Pitarch Ramón, a não ser em uma "reunião de fragmentos heterogêneos, uma conjunção heteróclita de seres, lugares e tempos"[43]. A estrutura de tudo isso se encontra na totalidade comunitária.

A comunidade é a essência do indivíduo, que, portanto, não tem uma essência própria, nem deve se deixar levar, como nós, pela ilusão de tê-la. Descartando essa ilusão ideológica, a concepção mesoamericana do sujeito é radicalmente antiessencialista. Pitarch Ramón tem razão ao concluir sua análise dizendo que um *tseltal* de Cancuc, "em vez de ser conceituado em termos essenciais, está situado em circunstâncias concretas em relação a outras pessoas"[44].

O indígena mesoamericano "se deve" aos demais e existe ao se dar para eles. Essa condição relacional, comunitária e transitória se expressa de modo profundo no poema *nahua* em que se canta que "só estamos aqui como emprestados uns aos outros"[45]. O ser fica reduzido ao estar, ao passo que a metáfora do empréstimo deixa evidente ao sujeito que ele não pertence a si mesmo, mas aos demais, porém apenas por um tempo, o da existência, pois não parece haver mais tempo. Existe apenas uma vida fugaz, uma existência que se entrega, que é compartilhada com os demais na comunidade.

Os vínculos comunitários interpessoais aparecem como um tecido passageiro, apenas circunstancial, no qual vai se configurando a subjetividade. Apreciando essa configuração, Vásquez Monterroso e Urizar Natareno propuseram o modelo de "trama ou rede, onde todos os fios estão interconectados de alguma forma", para pensar o sujeito na Mesoamérica, chegando à conclusão de que se trata de um sujeito que simultaneamente "não é, porque sua subjetividade seria impossível sem a comunidade, mas que, no entanto, é, ao ser possibilitado por sua participação no entrelaçamento da comunidade"[46]. O sujeito se constitui relacionalmente como efeito de um enodamento da urdidura comunitária[47].

Os fios da comunidade, ao entrelaçar-se, criam um sujeito que não tem outra substância senão a de tudo que é comunitário que se enreda nele. Por si mesmo, isolado, um homem não é nada, ou é pouco, muito pouco, um "incapaz", significado etimológico preciso da palavra *tlacatl*, que significa "homem" em *náhuatl*[48]. Para ser plenamente o que é, o humano precisa de uma comunidade, mas não apenas para estar nela, e sim para "ser nela" e de alguma forma "ser ela", como bem ilustra o já mencionado termo *maya* denominado *uinic* referindo-se à "pessoa em comunidade" e também à própria comunidade, a "gente", ao "conjunto de pessoas"[49]. O *uinic* revela a essência comunitária do indivíduo inessencial.

3:
HISTORICIDADE

OSSOS ROUBADOS POR QUETZALCÓATL

Sendo uma comunidade, o sujeito não existe apenas agora, no presente, pois o presente não é o único tempo do espaço comunitário na Mesoamérica. Esse espaço, como já sabemos, também está povoado pelos mortos, pelos ancestrais; além disso, está configurado por uma história, por um passado que os povos originários mantêm presente por todos os meios a seu alcance. O passado aparece assim de duas formas no mundo mesoamericano: como aquilo que o configura e como algo que o habita.

Por um lado, como habitantes da comunidade indígena, os ancestrais fazem parte do tecido comunitário, estão entre seus descendentes, os acompanham e os ajudam. Os mortos "convivem" com os vivos e intervêm em trabalhos compartilhados, como as colheitas[1]. Além disso, pelo menos no contexto *maya*, "facilitam ou dificultam a execução de nossos planos, a obtenção de saúde ou a resolução de conflitos"[2]. A existência do indígena mesoamericano se desenvolve, conforme a bela expressão de Vásquez Monterroso e Urizar Natareno, em um "eterno presente que inclui os antepassados"[3]. Os mortos estão presentes em todos os momentos da vida, desde a mais tenra infância, como acontece entre os *zapotecos* observados por Laurette Séjourné, que levam o recém-nascido ao cemitério para apresentá-lo aos "parentes falecidos" e pedir-lhes que o protejam[4].

Os mortos podem fazer muito por seus parentes porque não estão completamente mortos, porque vivem de alguma forma, porque há algo deles que sobreviveu à morte[5].

Por outro lado, como configuração do universo indígena, o que há de mais remoto no tempo está subjacente a tudo o que encontramos no presente mesoamericano. Tudo nesse presente está "intrinsecamente ligado ao passado", como nota Séjourné[6]. Segundo os termos de Patrick

Johansson, "a dimensão pretérita atua como uma verdadeira matriz do presente e do futuro"[7]. Os povos originários não ignoram que tudo o que é e será só pode ser forjado no que foi. Tampouco ignoram, no mesmo sentido, que o pretérito é o fundamento da existência do sujeito, de suas realidades e de suas possibilidades.

O indígena mesoamericano é feito do que o precede. Segundo o revelador mito *nahua*, Quetzalcóatl deve roubar os "ossos preciosos" das gerações passadas, moê-los e molhá-los com seu próprio sangue para engendrar o ser humano[8]. O sujeito é assim composto do que é anterior a ele, do que há de mais antigo, do sangue de seu deus e dos ossos de seus ancestrais.

O pensamento mesoamericano tem bem entendido que não há subjetividade sem historicidade, sem história, sem um passado sobre o qual se baseia e se enraíza. Assim, o *uinic maya*, como observa Zavala Olalde, "tem seu passado ancestral que o sustenta como pessoa", pois "a pessoa aqui é também seus pais e avós, sua comunidade com a qual se identifica e que o faz ser essencialmente um *uinic*, uma pessoa *maya*, esteja onde estiver"[9]. Onde quer que esteja e seja qual for o destino para onde vá, o indígena mesoamericano pode ser consciente de que ainda permanece e permanecerá sendo o que foi. Como comenta Flores Osorio, o passado é aqui expressão do "estar-no-mundo" e, além de constituir o presente, resulta indissociável de qualquer futuro numa "representação unitária do passado-futuro"[10]. Não podemos alcançar o porvir deixando-nos atrás, deixando para trás nossas origens, assim como não é possível redimir nosso ontem sem fazê-lo no hoje e no amanhã.

ANCESTRAIS COMO FONTE DE FORÇA E CONSCIÊNCIA

O futuro pelo qual lutam os indígenas mesoamericanos, como deixou evidente o Exército Zapatista de Libertação Nacional (EZLN), é um futuro em que se preserva e recupera um passado, sem o qual não pode haver

HISTORICIDADE

futuro. Para os zapatistas, com efeito, "não é possível perder o ontem sem perder também o amanhã"[11]. É por isso que esquecer implica a "desesperança"[12]. A esperança repousa na memória. Os ancestrais dão a seus descendentes a consciência do que são e a força de que precisam para se libertar. Ilustremos isso com alguns exemplos.

No que se refere à força, é um tema explícito e insistente nos *Anais de los Xahil*. Esse antigo texto *maya* reconhece a transmissão da "força dos antepassados" a seus descendentes, associa a "bravura" à regra de "não esquecer as palavras dos antepassados", apresenta a imagem de guerreiros que "aterrorizam" seus inimigos ao lembrar os pensamentos de seus "primeiros pais" e defende que "não escutar" o que os ancestrais diziam diminui a força das novas gerações[13]. É como se o sujeito fosse tão forte quanto suas recordações[14].

Quanto à consciência buscada pelos ancestrais, talvez não haja melhor exemplo do que um dos conselhos paternos que ainda conservamos graças a frei Bernardino de Sahagún e seus informantes. O pai *nahua* diz ao filho: "presta atenção" nos teus avós, bisavós e tataravós, "olha para a clareza que nos deixaram; olha o espelho e modelo que eles deixaram e coloca-o diante de ti; vê-te nele e verás quem tu és"[15]. O jovem ou criança ainda não viu quem é, aparecendo como alguém ainda inconsciente ou simplesmente desconhecido para si mesmo, mas pode olhar-se no espelho de seus ancestrais, na alma e na consciência daqueles que o precederam[16].

Aqueles que já foram possuem a chave do que somos. Isso é algo que continua sendo ignorado pelo presentismo de nossa psicologia dominante, mas que os povos originários da Mesoamérica já conheciam desde os tempos pré-colombianos. Desde tempos imemoriais, esses povos compreenderam que muito do que desconhecemos de nós mesmos podemos descobrir no espelho de nossos antepassados, que o passado reflete para nós a chave oculta do presente, que nosso mundo nunca se conhece tão bem como quando se recorre à sua história.

Os povos pré-hispânicos da Mesoamérica já entenderam que esquecer o que fomos é a melhor maneira de ignorar o que somos. Temos

53

aqui uma profunda consciência histórica que León-Portilla destaca nos *nahuas* ao se referir à sua "convicção de que a memória dos acontecimentos passados era o melhor dos espelhos que podiam colocar diante dos homens para que se conhecessem como grupo ou sociedade"[17]. Os *nahuas* não ignoravam que sua história os refletia.

RECORDAR PARA PENSAR E EXISTIR

Assim como a autoconsciência requer a rememoração, o pensamento mesoamericano pressupõe a memória como sua condição de possibilidade. Johansson resume essa suposição com a fórmula "lembro, logo penso"[18]. Assim, antes de *penso, logo existo*, há o recordar que permite pensar. Talvez seja por isso que para os *mazatecos* de Oaxaca, segundo Carlos Incháustegui, a alma está sempre "olhando para trás"[19]. É com esse olhar retrospectivo, com a recordação, que se realiza a atividade anímica do pensamento.

Os povos originários da Mesoamérica entendem muito bem que pensar é uma maneira de recordar, é prolongar a recordação por outros meios, é realizar o que a lembrança faz possível. A recordação mesoamericana consegue, assim, remontar mais atrás, ou mais além, do cogito cartesiano. Ela o ultrapassa ao enunciar a condição do pensamento, com seu presente psicológico, na memória do passado histórico.

É preciso lembrar para pensar, mas também para existir. Os indígenas mesoamericanos não são tão ingênuos, como nós, a ponto de acreditar que existem depois de seu passado. Ao contrário de nós, eles têm consciência de existirem sempre e ainda em seu passado, cercados por ele, devendo recordá-lo para perceber o mundo em que vivem, mas também tendo de lutar com ele e lidar com ele para poder estar neste mundo e avançar convenientemente para qualquer lugar.

HISTORICIDADE

RECORDAR PARA SE CURAR E SE CONHECER

O pensamento mesoamericano compreende que vamos às cegas, tropeçando, caindo e destruindo tudo em nosso caminho, quando caminhamos sem memória como costumamos fazer. Nossa propensão a esquecer é aqui uma maneira de adoecer. Nós nos perdemos e enlouquecemos, destruindo tudo e destruindo a nós mesmos, quando não somos capazes de nos orientar no passado em que ainda vivemos.

Nosso presentismo amnésico tipicamente europeu-estadunidense – o mesmo elaborado teoricamente por nossa psicologia – corresponde, para os indígenas mesoamericanos, como evidenciou William R. Holland entre os *tsotsiles*, a uma "doença psíquica" em que "tradições são violadas" ao imaginar-se alguém que pode superar o passado e deixá-lo para trás. A psicoterapia *tsotsil*, como o próprio Holland revela, faz com que o sujeito reconheça o presente do passado, o "induz" a "reassumir um papel tradicionalmente definido" e permite restabelecer a "conformidade com o antigo modo de vida"[20]. Assim como esquecer era adoecer, recordar é curar, voltar à realidade, ao mundo feito de passado e não apenas de presente.

O mundo mesoamericano, como mostrou López Austin ao estudar as antigas civilizações da região, é constituído não apenas pelo presente do "aqui-agora" posterior ao passado e anterior ao futuro, mas também, paralelamente, pelo "eterno presente" do "outrora" em que os ancestrais se confundem com os deuses[21]. Esse outrora constitui tanto o mundo externo como o mundo interno de cada sujeito. Aqui é preciso entender bem que, de modo diferente do nosso pensamento psicológico, o passado não é para o pensamento mesoamericano algo que só existe mentalmente na forma da recordação que temos dele. Além de existir mentalmente, o passado de fato existe. É por isso que lembrá-lo é conhecer a si mesmo e conhecer o mundo em que se vive.

A memória não é tanto um processo cognitivo pelo qual se recorda o que foi, o que já não é, mas uma relação direta com o que nunca deixa de ser. O tempo não é feito de uma sucessão de passado, presente e futuro, mas de um eterno presente e às vezes também de um eterno retorno, de eternidade e de circularidade. O que já foi continua sendo e volta a ser, uma e outra vez, insistindo persistentemente dentro e não apenas fora do sujeito[22].

Além de ser uma espécie de sexto sentido para conhecer o mundo em que se vive, a memória serve ao indígena mesoamericano para conhecer a si mesmo, já que também em seu interior, tal como o mundo no exterior, ele é feito de história passada. Entre os *tseltales* entrevistados por Pitarch Ramón, por exemplo, temos uma "interiorização do passado" histórico pela qual encontramos no interior do sujeito inumeráveis restos de várias épocas pretéritas, como funcionários coloniais, evangelizadores e sacerdotes católicos, utensílios ou animais europeus e professores de escola, todos eles configurando uma espécie de "memória histórica" formada por seres, chamados de *lab*, que, além do mais, constituem a subjetividade, vivem e espreitam dentro dela. Pitarch Ramón demonstra de forma convincente que esses *lab* correspondem a "técnicas de força" institucionais, políticas ou culturais que foram aplicadas pelos não indígenas para transformar a existência dos *tseltales*. Posteriormente, os mesmos *tseltales* converteram tais forças em uma "dimensão interna" que estava neles, mas que também podiam "distinguir minuciosamente" deles, examinar, vigiar e controlar, e contra a qual podiam, também, resistir[23]. É como se os indígenas conseguissem sobrepor-se ao passado histórico, dominando-o até certo ponto ao absorvê-lo, ao guardá-lo dentro de si mesmos, ao aprender a sê-lo, mas sem sê-lo totalmente.

4:
INDIVIDUALIZAÇÃO
E SINGULARIDADE

TLAMATINI E TE-IX-TLAMACHTIANI: ENSINANDO A TER UM ROSTO

Como aparece nas investigações de Pitarch Ramón, o indígena *tseltal* de Cancuc não corresponde ao ente imaginário promovido pela psicologia dominante: ele não é um indivíduo simples, consumado, unitário e integralmente situado no aqui e agora; é antes uma existência complexa, que não parece ter lugar no presente, e que se encontra desgarrada tanto na transição do passado para o futuro quanto no conflito entre o europeu e o mesoamericano, entre a colonização e a emancipação, entre a "sujeição" e a "descolonização". Essa existência desgarrada, transicional e conflitante também difere da representação ingênua do nativo como alguém simples, íntegro, com uma identidade tradicional herdada que o pouparia de quaisquer problemas existenciais. Na realidade, como observa o próprio Pitarch Ramón, "não se nasce indígena", mas a "aquisição de uma identidade cultural" constitui "um prolongado, contínuo e difícil processo de sobrepor-se às identidades naturais anteriores"[1]. O mais interessante é que esse processo parece nunca terminar.

É preciso dizer que o indígena é ele mesmo um processo de indigenização. Também é possível postular de forma mais fundamental e geral, se confiarmos na perspicaz representação mesoamericana da subjetividade, que o indivíduo, qualquer indivíduo, é um processo de individualização. Individualização de quê? Da totalidade natural, cultural, comunitária e histórica.

Já vimos como funciona o processo de individualização da totalidade na árvore do universo que se ramifica por suas especificações sobrenaturais, naturais e culturais, até chegar a cada indivíduo. Essa individualização ocorre de forma natural, espontânea, mas também pode ser favorecida, desenvolvida e aperfeiçoada deliberadamente. É o que se fazia entre os antigos *nahuas*, por exemplo, por meio de figuras como as do sábio ou filósofo, o *tlamatini*, e do educador, o *te-ix-tlamachtiani*.

Os *tlamatini*, segundo os informantes de Sahagún, eram os que ensinavam os sujeitos a individualizar-se, a singularizar-se, ao "adquirir e desenvolver um rosto"[2]. Quanto ao *te-ix-tlamachtiani*, o educador *náhuatl*, ele é definido como aquele que "faz os outros assumirem uma cara", que "os faz desenvolvê-la", "faz que apareça neles". Esse rosto, como explica León Portilla, é uma metáfora da individualidade e singularidade própria de cada sujeito, do seu "eu" com seus "traços peculiares", do "mais característico, do que tira um ser humano do anonimato"[3]. Concluímos, então, que a educação é aqui o processo pelo qual o sujeito sai de seu anonimato, se individualiza ou se singulariza, adquire e desenvolve seu próprio *eu*, sempre a partir de uma totalidade natural, cultural, histórica e comunitária.

Vale a pena reforçar que é todo o restante o que se individualiza em cada um. A mesmidade individual implica e condensa uma outridade. É a outridade que se individualiza e o faz da maneira mais perfeita e desenvolvida através do outro, o sábio que sabe educar, que, segundo outra bela metáfora encontrada em Sahagún, procede como um "espelho" que devolve seu rosto para os sujeitos e que, assim, é "caminho e guia" para eles[4]. Os sujeitos, portanto, orientam-se por si mesmos ao se educarem. O educador só os conduz a si mesmos. A educação consiste em seguir o próprio caminho, assim como esse caminho aparece no espelho do educador, no reflexo do próprio rosto singular[5].

IN IXTLI IN YÓLLOTL:
SUJEITO SINGULAR E DESEJANTE

Para educar, o *sábio nahua* limita-se respeitosamente a refletir seus educandos, a projetar-lhes seu próprio rosto singular, ajudando-os a serem eles mesmos e a desenvolverem sua própria singularidade. É exatamente

INDIVIDUALIZAÇÃO E SINGULARIDADE

o contrário do que geralmente é feito em nosso modelo educacional, em que tudo visa normalizar os estudantes, padronizá-los, apagar seus rostos, desviá-los de seu "eu" e fazê-los perder aquilo que é singular e que os caracteriza. Essas funções desempenhadas pela maioria de nossos educadores fazem com que correspondam, aliás, àqueles que foram identificados como "enganadores ou sofistas" entre os antigos *nahuas*: o *te-ix-poloa*, "quem perde as faces alheias", e o *te-ix-cuepani*, "quem faz com que se desviem"[6].

Ao provocar a perda ou desvio do rosto do educando, o mau educador ataca um dos dois elementos definidores da subjetividade humana entre os antigos *nahuas*: o rosto ou o coração, ou seja, em náhuatl, *in ixtli in yóllotl*, que juntos servem para designar aos sujeitos, como mostra León-Portilla. O próprio León-Portilla elucida essa designação metafórica dos sujeitos: enquanto o rosto, *ixtli*, é o que caracteriza "a natureza mais íntima do eu peculiar de cada homem", o coração, *yóllotl*, é o "querer humano", o dinamismo de cada um que "o faz ir atrás das coisas"[7]. Ao ser designado como *in ixtli in yóllotl*, cada sujeito está se definindo como um ente singular e desejante[8]. Talvez essa definição profunda e extraordinária nos aproxime de certa perspectiva psicanalítica. O certo é que se opõe diametralmente à psicologia dominante com sua noção do ser humano como um objeto generalizado e sem desejo.

Enquanto os modelos psicológicos dominantes negam o desejo e a singularidade através do mesmo gesto pelo qual anulam qualquer subjetividade, as concepções mesoamericanas preservam o sujeito singular com seu desejo por diversos meios. Um desses meios, intuído por Vásquez Monterroso e Urizar Natareno, é deixar margem para as "particularidades" e evitar as "categorias gerais"[9]. Outro, análogo, no qual Martínez González tropeça, é aquele que mantém a "elasticidade das crenças ao redor da alma, as quais, correspondendo a aspectos íntimos da vida, se encontram altamente expostas à interpretação individual"[10]. Essa exposição e essa elasticidade não devem ser vistas como deficiências ou fragilidades epistêmicas, mas como uma espécie de medida prudencial para garantir que se respeite a singularidade de cada sujeito.

TONALLI: PRINCÍPIO INDIVIDUALIZANTE

O respeito ao singular faz com que o pensamento mesoamericano proíba o abuso da generalização pela qual se anula qualquer singularidade. No entanto, como pudemos verificar, isso não o impede de refletir sobre o sujeito em um alto nível de generalidade. Existem até conceitos mesoamericanos que nos permitem pensar o singular em geral. É o caso, por exemplo, de uma das almas *nahuas*, *tonalli*, que, segundo a definição de López Austin[11], "imprime um temperamento particular" no indivíduo[12], sendo o princípio "individualizante" que lhe dá "seu nome secreto, seu caráter e seu destino"[13].

Conceitos como *tonalli* confirmam que os povos originários da Mesoamérica reconheciam a irredutível singularidade de cada sujeito. Isso pode ser desconcertante quando se considera o caráter inessencial do indivíduo e o peso que o elemento comunitário tem em sua constituição. No entanto, como Lenkersdorf mostrou no caso dos *tojolab'ales*, uma comunidade indígena, ainda que certamente muito coesa, é ao mesmo tempo "muito pluralista ou multifacetada" e exclui o "nivelamento mecânico"[14]. Dá lugar a cada sujeito, necessitando das "diferentes contribuições individuais" e respeitando "as diferenças de cada um manifestadas nos diferentes papéis que cada um desempenha"[15]. São necessárias peças diferentes para montar o quebra-cabeça da comunidade.

A comunidade mesoamericana, precisamente por ser uma entidade orgânica, implica uma diferenciação interna que a distingue nitidamente de uma massa indiferenciada como a que predomina nas sociedades modernas de origem europeia e estadunidense. Diferentemente da coletividade massificada em que se dissolvem os sujeitos singulares, o ente comunitário indígena requer e desenvolve as singularidades subjetivas que se articulam em sua organicidade.

O pensamento mesoamericano concebe o sujeito singular como sujeito comunitário. Isso significa, notoriamente, não que seu lugar seja usurpado pela comunidade, mas que ele tenha seu lugar na comunidade. Seu lugar, entendido como a posição que ocupa e a função que desempenha em cada momento, é o fator fundamental subjacente que determina sua irredutível singularidade.

5:
INTERSUBJETIVIDADE

AMIZADE ENTRE SUJEITOS

O sujeito da Mesoamérica é quem é por causa de seus vínculos na comunidade. Esses vínculos aparecem concretamente, por meio de relações estreitas e determinantes com outros sujeitos. As relações comprometem e constrangem quem delas participa, deixando pouco espaço para ação, pois intimam a que os participantes dessas relações se comportem de certa maneira a cada momento. Certamente envolvem interações obrigatórias e imperiosas, mas não como aquelas estabelecidas no trabalho moderno. Embora estejam subordinadas a processos comunitários que as transcendem, envolvem a experiência completa de cada sujeito com suas emoções e sentimentos. Não são exatamente como as relações de trabalho entre funções ou habilidades dos envolvidos, mas relações intersubjetivas, entre sujeitos inteiros, como as que se estabelecem com os amigos[1].

A amizade é altamente valorizada nos povos originários mesoamericanos. Entre os antigos *nahuas*, Ayocuan Cuetzpaltzin já a descrevia como "chuva de flores preciosas"[2]. A metáfora enfatiza o que se recebe dos amigos, os versos, as palavras, as alegrias que nutrem e embelezam a vida. Ao mesmo tempo, Temilotzin identifica o próprio sentido da vida com a amizade ao cantar que "ele veio aqui para fazer amigos"[3]. Os amigos aparecem como um fim em si mesmo e não como um meio.

A amizade que dá sentido à vida não é apenas uma troca de apoios e favores, mas algo tão desinteressado quanto uma troca de flores e cantos, de versos, de palavras em que se revela o ser do outro sujeito. Esta ideia é a que se transmite ao amigo que acaba de falecer, em uma das orações fúnebres conservadas por Bernardino de Sahagún, quando lhe é dito que "nosso senhor nos deu misericórdia para que nos encontrássemos e conversássemos nesta vida"[4]. Ser amigo é se conhecer, conversar, falar e se escutar como sujeitos. Trata-se de estabelecer uma relação intersubjetiva.

LAJAN LAJAN 'AYTIK:
IGUALDADE INTERSUBJETIVA

Quando falamos de intersubjetividade, nos referimos a uma relação entre sujeitos que só sabemos serem sujeitos, entes subjetivos e não objetivos, ativos e não passivos, ou seja, falantes e cognoscentes, pensantes e não pensados, sencientes e não sentidos. Os sujeitos assim concebidos relacionam-se entre si e, desse modo, constituem uma relação intersubjetiva como a que se dá na amizade. Essa relação difere notoriamente de outra classe de relação que podemos chamar de "objetiva", em que um sujeito se relaciona com objetos, com objetos passivos e não ativos, pensados e não pensantes, sentidos e não sencientes.

A relação objetiva é assimétrica porque se estabelece entre dois seres cujas posições de sujeito e objeto não são intercambiáveis. Na intersubjetividade, ao contrário, temos uma simetria comutativa entre dois seres cujas posições de sujeito resultam intercambiáveis entre si, o que favorece a igualdade e a horizontalidade, como veremos mais adiante. A relação intersubjetiva exige que um sujeito se coloque no lugar do outro, o que pode pressupor uma educação complexa ou uma dura formação moral, enquanto a objetividade tem um caráter mais fácil, espontâneo e primitivo, o que talvez nos desconcerte quando consideramos sua predominância na modernidade ocidental[5].

Karl Marx[6] e vários pensadores críticos[7] mostraram como as relações objetivas, unidirecionais e instrumentais tendem a prevalecer sobre as intersubjetivas, recíprocas e comunicacionais nas sociedades modernas que obedecem ao modelo cultural europeu–estadunidense. Nessas sociedades, e na psicologia que lhes corresponde, tendemos a nos relacionar com as coisas e as pessoas como quem se relaciona com objetos. Trata-se de conhecê-los objetivamente e, assim, agir sobre eles e usá-los da melhor maneira. É algo que não paramos de fazer e que explica, em parte, a importância que damos à ciência objetiva.

Enquanto favorecemos a objetividade em detrimento da subjetividade e da intersubjetividade, os povos originários da Mesoamérica mostram uma

INTERSUBJETIVIDADE

fascinante propensão a relacionar-se intersubjetivamente com as pessoas e, até mesmo, com as coisas. Essa propensão faz com que seu universo seja composto de sujeitos mais que de objetos. Uma das principais características do pensamento mesoamericano, de fato, é que de alguma forma ele vai além das relações objetivas para estabelecer predominantemente relações intersubjetivas entre seres vivos atuantes, pensantes e sencientes. Esses seres podem ser outros humanos, mas também animais, árvores, milharais, florestas e até montanhas, pedras, utensílios ou doenças[8].

Não há praticamente nada essencialmente carente de vida, nada inerte por definição, no mundo habitado pelos povos mesoamericanos. Entre os *mixtecos*, por exemplo, Julián Caballero nos assegura que "tudo tem vida", inclusive as pedras que também estão sexuadas, as plantas com as quais se comunicam, os "espaços humanizados" e "os instrumentos de trabalho ou coisas úteis aos seres humanos: enxada, facão, machado, pé de cabra, computadores, veículos, livros"[9]. O mesmo autor conta duas histórias ilustrativas: uma de um livro que consegue curar apenas ao esfregá-lo na pele do paciente, outra de uma pedra capaz de matar quem a desrespeita.

Mesmo entidades tão vastas como a terra e o céu adquirem a dignidade de sujeitos diante dos povos originários da Mesoamérica. No *Rabinal-Achí* encontramos a expressão protocolar "aqui está o céu, aqui está a terra", onde o céu e a terra são tomados como testemunhas do que é dito. A mesma terra e o mesmo céu também intervêm como sujeitos no *Rabinal-Achí* quando "atiram" um homem a seus inimigos ou quando entram em cena como interlocutores, a quem se dirigem "palavras, vocábulo"[10]. É como se a terra e o céu fossem espectadores e simultaneamente personagens da peça, personagens peculiares, mudos, mas sensíveis e atuantes. Embora sejam expressões idiomáticas ou figuras metafóricas, é evidente que a terra e o céu são aqui sujeitos com subjetividade própria ou talvez expressões de algo subjetivo transcendente, de um Outro que testemunha, julga, decide, escuta.

O certo é que os outros do sujeito, sejam o que sejam, também são reconhecidos e respeitados como sujeitos. A intersubjetividade reina nos povos originários da Mesoamérica. Carlos Lenkersdorf percebeu isso muito bem em sua aproximação ao grupo *maya* de *tojolab'al* de Chiapas. Depois de vários anos convivendo com esse grupo e aprendendo sua língua, Lenkersdorf concluiu que "a chave" para a particularidade cultural dos *tojolab'ales* residia no que ele também chamou significativamente de "intersubjetividade", de modo a compreender a mesma coisa a que temos nos referido: uma "situação em que todos somos sujeitos" e em que "não há objetos nem no contexto do idioma nem no da cultura"[11].

No que se refere ao idioma *tojolab'al*, o fator intersubjetivo se revela a partir de uma lógica "bidirecional" em que uma frase deve ter dois verbos e dois sujeitos gramaticais, em vez de ser construída com apenas um verbo e um objeto, como acontece no funcionamento "unidirecional" do espanhol, mais próximo da objetividade[12]. Assim, enquanto em espanhol dizemos "eu disse a ele", em *tojolab'al* devemos expressar a mesma ideia com uma frase que poderia ser traduzida como "eu lhe disse e ele escutou". Há aqui, na palavra indígena, dois sujeitos intersubjetivamente vinculados um ao outro, um afirmando algo e outro captando, enquanto nós, em espanhol, consideramos apenas uma relação objetiva do sujeito que diz com o objeto indireto a quem se diz[13].

Lenkersdorf nos mostra como a intersubjetividade aparece não apenas no idioma do povo *tojolab'al*, mas também em suas relações sociais e com o mundo. O conhecimento, por exemplo, constitui uma espécie de comunicação que requer "cooperação" entre o "sujeito conhecedor" e um "sujeito por conhecer" ou "conhecendo" que não é um objeto, nem tampouco é mudo ou passivo[14]. Ao contrário de nossa ciência, que só nos permite observar a fachada objetiva da realidade, os *tojolab'ales* estabelecem relações intersubjetivas com a realidade que os ajudam a descobrir o âmago subjetivo de tudo que os cerca.

A epistemologia mesoamericana da intersubjetividade não se detém frente às aparências objetivas. Ela vai além delas, além do objeto a que se apegam as visões epistemológicas europeias e estadunidenses, e acessa o nível intersubjetivo em que tudo participa de seu conhecimento e tudo tem um caráter subjetivo, porque tudo está vivo e sua vida sempre tem um certo nível de consciência. A forma como esse nível opera na

INTERSUBJETIVIDADE

Mesoamérica é bem explicada por Julián Caballero, quando escreve que na cultura *mixteca* "as coisas têm vida" e, "portanto, é imprescindível o equilíbrio para garantir que haja harmonia na relação homem-natureza, homem-homem, homem-animal, homem-objetos etc."[15] O resultado é uma comunidade equilibrada e harmônica de sujeitos iguais que se vinculam intersubjetivamente em vez de se separarem entre sujeitos e objetos[16].

Entre os *tojolab'ales,* a igualdade intersubjetiva se manifesta no nível comunitário por meio de um lema que se repete com frequência, *lajan lajan 'aytik*, que, significando "estamos quites", tem um sentido profundo que Lenkersdorf tenta decompor, ao explicar: "todos somos iguais, todos somos sujeitos, é preciso a voz de cada um para chegar a um consenso válido"[17]. Consensuar é relacionar-se intersubjetivamente uns com os outros, falando e ouvindo um ao outro, até chegar a um acordo que resulte do reconhecimento de todos os sujeitos que chegam a ele. É assim, por meio de relações intersubjetivas, que procede idealmente a democracia indígena direta e consensual. Essa forma de proceder contrasta com a de nossas democracias representativas e majoritárias, nas quais prevalecem relações objetivas entre os sujeitos ativos e os objetos passivos, entre governantes e governados, entre os representantes e os representados, entre os majoritários e os minoritários.

Nos termos de Lenkersdorf, nossa política obedece a uma "subordinação" objetiva, enquanto a comunidade *tojolab'al* é regida por uma "coordenação" entre sujeitos[18]. Os indígenas se coordenam ao deliberar em suas intermináveis assembleias, ao escutar-se uns aos outros, ao buscar uma voz na qual todos ressoem, ao organizar-se e articular-se até se tornarem uma única comunidade cujos laços intersubjetivos se entrelaçam. É como se todos compartilhassem o poder, governassem e fossem governados, comandassem e obedecessem ao se relacionar intersubjetivamente entre si. Essa intersubjetividade comunitária indígena também pode ser resumida na fórmula zapatista, lembrada por Lenkersdorf, de "mandar obedecendo", que, desde que foi postulada nos anos 1990, tem se contraposto à nossa política objetiva do sujeito governante que só conhece "mandar mandando" aos governados, reduzidos à posição de objetos[19].

67

CIÊNCIA E POLÍTICA DA OBJETIVIDADE

É importante entender que a política de "mandar mandando" é regida pela mesma lógica objetiva unidirecional que impera na ciência objetiva da modernidade euro-estadunidense. Nossa forma de saber é também uma forma de poder. Como bem explicaram Max Horkheimer e Theodor Adorno[20], o que nos mantém dominados é a mesma coisa que nos permitiu, por meio de nossas façanhas científicas, dominar o mundo e explorá-lo até a devastação. Sua exploração é correlativa de nossa própria exploração. As operações pelas quais somos objetificados politicamente são as mesmas pelas quais outros seres animais, vegetais e inclusive minerais são objetificados científica e tecnologicamente[21].

Nossa ciência, por mais objetiva que seja, é política. Ou melhor: nossa ciência é política porque é objetiva. Sua objetividade constitui sua opção política pela subordinação do objeto em vez da coordenação entre sujeitos. Não é uma opção pelo respeitoso método de mão dupla de "mandar obedecendo", mas pela lógica violenta de "mandar mandando".

Nossa lógica de dominação é também a de qualquer apreensão e utilização do objeto na ciência. Isso é evidente nas ciências humanas e sociais, a psicologia em particular, cuja obsessão pela objetividade é uma paixão política cegante. Entregar-se a essa paixão, como fazem muitos psicólogos, sem dúvida nos dá um grande poder sobre aquilo que tratamos ou estudamos, mas sempre à custa de nosso saber e também em detrimento dos sujeitos com os quais trabalhamos. Por quê? Porque irremediavelmente nos condena a desconhecer os sujeitos como tais, como sujeitos, à força de querer conhecê-los como objetos. Digamos que seu suposto conhecimento objetivo como *objetos que não são* impede seu reconhecimento intersubjetivo como *sujeitos que são*.

A psicologia pretensamente objetiva, que, na atualidade, é quase toda a psicologia acadêmica e profissional, comete o erro de querer objetificar um sujeito que é inobjetificável por definição, quer dizer, por ser o que é, por ser um sujeito, por ser o contrário do objeto. Esse erro já foi

INTERSUBJETIVIDADE

denunciado por Immanuel Kant em *Crítica da Razão Pura* e continua sendo constantemente denunciado pelos psicólogos críticos até hoje. É um erro superado por pouquíssimos profissionais de psicologia, como os psicólogos comunitários latino-americanos, que aprenderam e compreenderam que seu trabalho deve ser uma práxis intersubjetiva, *com* as comunidades, e não uma intervenção objetiva *sobre* elas. O que esses psicólogos e psicólogas entenderam, em outras palavras, é a se coordenarem com os sujeitos como tais, como sujeitos, em vez de subordiná-los como objetos de estudo. É a mesma coisa que os psicólogos críticos buscam ao tentar reverter a objetificação e ao propor abordagens do ponto de vista dos sujeitos: enfoques nos quais possam se estabelecer, por fim, relações intersubjetivas entre os profissionais e os usuários de psicologia.

Reorientando-nos para a intersubjetividade e rejeitando a obsessão pela objetividade, os atuais psicólogos críticos e comunitários acabam coincidindo com as comunidades *tojolab'ales* de Chiapas. Essas comunidades sempre atuaram cotidianamente como agora aspiramos proceder. É como se estivéssemos descobrindo tardiamente pelo menos parte de tudo aquilo que os *tojolab'ales* já sabiam desde os tempos mais remotos.

SE PRIVAR DO FIM DO MUNDO

É como se os saberes ancestrais dos povos originários estivessem sempre um passo a nossa frente. Enquanto pretendíamos objetificar o sujeito humano inobjetificável por definição, os *tojolab'ales* e os demais indígenas mesoamericanos já sabiam que isso não pode ser feito, que é absurdo, aberrante. Talvez agora devêssemos levá-los mais a sério quando os vemos rejeitar a objetificação de seres não humanos, sejam eles animais, vegetais e minerais da terra, ou a própria terra, como quando os *zapotecos* dizem "obrigado" pelas colheitas ou pedem "autorização" para construir suas casas nela[22]. Tudo isso, que pode parecer uma extravagância, permitiu que os indígenas mesoamericanos se relacionassem com os outros seres de maneira mais respeitosa e harmoniosa do que nós.

Enquanto nos valemos de nossa ciência para objetificar tudo que podemos explorar e devastar, os indígenas mesoamericanos preferem parar respeitosamente diante de cada ser e preservá-lo como algo subjetivo e inobjetificável. É o que faz um *lakandon* que mostrou a Marie-Odile Marion uma pequena larva e lhe explicou seriamente que "se a tirassem de sua árvore, se a tirassem de sua casa, já não poderia mais ser feliz", assim manifestando, como bem assinala Marion, "o respeito infinito pela vida" que impregna a cultura *lakandona*, na qual há "um espaço para todos na selva e no povoado, onde cada ser vivo deve encontrar seu caminho para a felicidade"[23]. Cada ser é assim reconhecido como sujeito com direito a viver e ser feliz.

Os povos originários mesoamericanos estabelecem uma relação intersubjetiva, recíproca e dialógica com tudo que existe. Essa relação é o que freia muitos indígenas, aqueles que permanecem fiéis a seu legado cultural, no momento de tomar a decisão de caçar por prazer, cultivar em grande escala, secar um rio, destruir um manguezal, derrubar uma floresta para enriquecer e fazer buracos ou cortar a montanha para extrair o que será veneno na superfície. Assim, ao não se permitirem maltratar tudo a que conferem uma subjetividade, os povos originários da Mesoamérica simplesmente se privaram de fazer o que não paramos de fazer destruindo o planeta[24].

Ao contrário de nós, os indígenas mesoamericanos sempre foram sensíveis e inclusive angustiados diante da destruição do mundo subjetivado. Há neles uma inquietação quase premonitória que vemos exteriorizar-se por meio de versos como os de Ayocuan Cuetzpaltzin: "Que permaneça a terra! Que fiquem de pé as montanhas!"[25] O anseio mais profundo é a permanência do que destruímos incessantemente desde os primórdios do capitalismo no século XVI, precisamente o mesmo século em que Ayocuan, andando pelos caminhos de Tlaxcala e Huejotzingo, repetia em voz alta seu canto à terra e às suas montanhas.

Os povos originários da Mesoamérica logo entenderam que tinham que se conter e se sacrificar para manter vivo tudo a seu redor. Isso é comprovado não apenas em seus sacrifícios humanos ou em sua relação

INTERSUBJETIVIDADE

respeitosa com o entorno, mas também em sua resistência à acumulação capitalista e ao frenético desenvolvimento tecnológico. A opção mesoamericana é por uma vida simples, moderada e modesta, em vez dos excessos que estão destruindo tudo na superfície da terra.

Não desconhecemos que a destruição da natureza é consequência direta do funcionamento do sistema capitalista, que aniquila tudo que é vivo ao transmutá-lo em mais e mais capital morto, riqueza inerte, dinheiro inanimado[26]. Tal aniquilação da vida começa por transformar o sujeito necessariamente vivo em um objeto que podemos matar. A destruição capitalista pressupõe, assim, a objetificação tipicamente europeia e moderna que rege nossa ciência e nossa psicologia. Nosso saber psicológico objetivo não é, portanto, tão inocente ou inofensivo como se poderia acreditar. Não só nos anula como sujeitos, mas é cúmplice do cataclismo generalizado.

O fim do mundo é a consequência última da paixão objetificadora que nos devora por dentro e da qual os *tojolab'ales* e outros povos indígenas mesoamericanos sabiamente se abstêm. Eles não cedem a essa paixão devastadora, mas continuam vendo um sujeito onde só podemos discernir um objeto. Onde para nós só há o comparável e descartável, para eles pode haver ainda pessoas respeitáveis, intocáveis.

YATZIL: ALMA EM TUDO QUE EXISTE

Paul Turner já observou que "a visão de mundo dos *chontales* personaliza o que para nós são forças impessoais"[27]. Tal observação pode ser feita diante de qualquer um dos outros povos originários mesoamericanos. Esses povos tendem a personalizar tudo, enquanto nós nos despersonalizamos e coisificamos a nós mesmos e a todo o resto. Não vislumbramos mais nenhuma espécie de alma em nenhum ser, ao passo que eles, quando ainda conservam seu olhar aguçado, percebem almas por toda parte[28].

Não há nada que não tenha alma para os povos originários da Mesoamérica. Para os *tojolab'ales*, por exemplo, como explica Lenkersdorf,

71

"não há nada que não tenha *yatzil*", que é a palavra com a qual esse grupo designa o coração, entendido como uma entidade anímica na qual residem a subjetividade e a vida em todas as suas manifestações, como "o pensamento e a comunicação, os sentimentos de alegria e de tristeza, a compreensão e a compaixão, a convivência e as brigas, a doença e a saúde e tantas outras coisas". Por ter um coração, o milho corre o risco de "ficar triste" se o negligenciarmos, assim como é possível que um animal seja nosso "companheiro" e espere que conversemos com ele, e também assim como a "mãe terra" pode "nos carregar e nos sustentar"[29]. Tanto a terra em geral quanto os animais, as plantas e os demais seres fazem parte de uma comunidade extensa, não apenas humana, na qual tudo tem alma, coração, *yatzil*.

O *yatzil tojolab'al* corresponde aproximadamente ao psiquismo, ao objeto da psicologia, mas não é um objeto, e sim o miolo da subjetividade. Além disso, diferentemente do psiquismo, não está unicamente fechado dentro do indivíduo humano, mas o atravessa e o transborda. A alma está espalhada por toda a comunidade humana e não humana: nas pessoas, nos animais, nas plantas, nas montanhas, nas nuvens, nos rios e até nos caminhos.

Tudo tem *yatzil* para os *tojolab'ales*. Tudo tem alma também para os outros povos originários mesoamericanos. Por exemplo, de acordo com as pesquisas de Pitarch Ramón, os *tseltales* de Cancuc, vizinhos dos *tojolab'ales* em Chiapas, descobrem almas em animais, na água, em "meteoros" como ventos e relâmpagos e até mesmo em "utensílios" metálicos[30]. Mais ao norte, entre os *mayas* de Yucatán, bem como entre os *totonacas* de Puebla e Veracruz, as "cruzes, casas e plantas" também possuem um miolo anímico ao qual se referiu López Austin[31]. De modo geral, segundo o próprio López Austin, "no pensamento mesoamericano tudo possui alma, desde os seres da natureza até os objetos fabricados pelos homens"[32].

É como se o psíquico impregnasse tudo na Mesoamérica. A psicologia mesoamericana constitui, por assim dizer, uma espécie de "todologia". Distingue-se de nossa especialidade psicológica por não abstrair a totalidade

INTERSUBJETIVIDADE

material. Tal abstração, característica das ciências humanas do século xx e criticada primeiro por Karl Korsch[33] e György Lukács[34] e depois pelo psicólogo brasileiro Oswaldo Yamamoto[35], não é um vício no qual incorram as concepções mesoamericanas de subjetividade.

A atribuição de uma alma a tudo que existe remonta naturalmente à época pré-hispânica. Para os antigos *nahuas*, a já mencionada *teyolía* não era encontrada apenas em humanos e animais, mas também "nos povoados, nas montanhas, no céu, no lago, no mar"[36]. Convém recordar que no *Popol Vuh* há cães, aves, paus, pedras, jarros e outras coisas que "começam a falar" e que "batem na cara" dos primeiros humanos feitos de madeira, assim como há animais que pedem aos cipós e às árvores que "se levantem" sobre os milharais de Hunahpú e Ixbalanqué[37]. Assim, as relações intersubjetivas são estabelecidas entre as coisas e não apenas entre as coisas e as pessoas. Todos os seres agem como sujeitos e se relacionam intersubjetivamente uns com os outros.

COLONIZAÇÃO COMO OBJETIFICAÇÃO

Após a época pré-hispânica, o reino universal da intersubjetividade se viu constantemente ameaçado pela dominação colonial e neocolonial. Tal dominação sempre buscou uma forma de impor o objetivismo indo-europeu a uma intersubjetividade mesoamericana estigmatizada, primeiro como idolatria pagã e depois como superstição animista. O suposto erro foi perseguido e supostamente retificado. É assim que o mundo se desencantou com a modernidade imposta pela colonização da Mesoamérica[38].

Os povos mesoamericanos têm uma aguda consciência tanto do desencantamento moderno do mundo quanto de seu encantamento na época pré-hispânica. Essa consciência histórica se manifesta em relatos como o coletado por Jacques Soustelle sobre um tambor pré-hispânico, um *teponaztli*, que "era ao mesmo tempo um ser vivente", do sexo feminino, e que primeiro deu à luz a outro pequeno tambor e então se mudou de San Juan Atzingo para Tepoztlán para se tornar "o mero

73

Tepozteco". Quando Soustelle pergunta como algo semelhante poderia ser possível, seus informantes lhe oferecem duas explicações: que antes "as coisas possuíam virtudes que depois perderam" e que "os antigos sabiam 'encantar' as coisas e torná-las vivas"[39]. O encantamento pré-hispânico era o que dava vida e outras virtudes às coisas, enquanto o desencantamento colonial veio para matá-las e tirar suas virtudes ao objetificá-las.

A objetificação tem sido inseparável da colonização. Colonizar foi também objetificar as coisas, e assim também as pessoas. Não havendo lugar para a coordenação intersubjetiva mesoamericana, todos os seres tiveram de ceder à subordinação objetiva colonial. Isso foi muito bem entendido pelos *mayas*, que prognosticaram, como podemos ler na versão de Antonio Mediz Bolio do *Chilam Balam de Chumayel*, que a colonização faria que fossem "escravas as palavras, escravas as árvores, escravas as pedras" e "escravos os homens"[40]. Reduzidos à escravidão foram assim todos os sujeitos, os humanos juntamente com os pétreos e os arbóreos, todos escravizados precisamente quando os dominamos por meio da racionalidade europeia, quando os quantificamos e os calculamos, quando assim nos desencantamos deles, não reconhecendo nem sua alma, nem sua dignidade subjetiva[41].

O escravo é o sujeito reduzido à condição de objeto. É ele que se torna objeto da psicologia, mas é também o indígena colonizado e tudo mais objetificado pelos colonizadores. A colonização, operando como uma objetificação, realiza uma suplantação da intersubjetividade pela objetividade, não apenas diante dos seres culturais como os sujeitos humanos, mas também diante dos seres animais, vegetais e minerais, e também diante de coisas como o tambor de San Juan Atzingo. Todos esses seres deixam de ser concebidos como sujeitos e por isso podem ser usados livremente e consumidos como objetos. Objetificá-los é perder o respeito por eles, enquanto seu reconhecimento como sujeitos, reiteremos, é uma forma respeitosa de se relacionar com eles.

6:
DIÁLOGO E HORIZONTALIDADE

PALAVRA E SILÊNCIO DA NATUREZA

A relação intersubjetiva predominante na Mesoamérica é uma relação essencialmente respeitosa. Essa relação revela, como bem apontou López Austin, o "respeito pelo que existe" como "norma suprema de conduta" nas culturas mesoamericanas[1]. O respeito se expressa das mais diversas formas, entre elas o diálogo com o que é respeitado, assim como sua veneração até chegar à divinização.

Em relação ao diálogo, vale lembrar as palavras de Vásquez Monterroso e Urizar Natareno quando enfatizam que "a subjetividade mesoamericana é dialógica", em uma comunidade que inclui "não apenas pessoas, mas coisas"[2]. Essas coisas fazem parte de uma trama comunitária na qual se comunica e se negocia com os outros como sujeitos. Ao se referir aos *mayas* da era pré-hispânica, Domingo Hernández Ixcoy recorda que "dialogaram, consultaram, consensuaram e pactuaram com todos os elementos da vida, o ar, a água, o fogo, as plantas, os diferentes tipos de minerais"[3]. Todos os seres são considerados, levados a sério, cuidados e escutados. A atenção e a escuta são os melhores sinais de respeito dos povos indígenas para com o mundo e não apenas para com a humanidade.

Além de prestar atenção às palavras humanas, os povos originários da Mesoamérica tentam perceber outras palavras não humanas, as do milho, da floresta, da selva e dos animais selvagens, mas agora também as de milharais abandonados, terras erodidas, florestas derrubadas e rios contaminados ou secos. Nesses casos, sofrimento e desespero ressoam em tudo que se vê. Às vezes, os seres agonizantes da natureza se calam definitivamente, como registra Leticia Durand[4] entre os *nahuas* e *popolucas* do sul de Veracruz, onde o ambiente natural foi degradado a ponto de expirar, tornando-se um simples objeto mudo, um recurso objetivo que perdeu sua faculdade subjetiva de palavra e, portanto, também sua capacidade intersubjetiva de dialogar.

DA SUBJETIVAÇÃO À DIVINIZAÇÃO

Quando a natureza mantém sua expressividade, é comum que o respeito que inspira chegue à veneração, à sacralização e à divinização. Como não ver uma divindade nas montanhas ou no rio que têm tanto a dizer? Isso não deveria preocupar os mais ateus e antirreligiosos entre nós. A divindade que se confunde com a natureza, como em Baruch Spinoza[5], está além da contraposição simplista entre religiosidade e ateísmo[6].

Com todo o simplismo de seu bom senso, o sábio toledano Francisco Hernández notava estupefato que o povo da Mesoamérica "não só atribuía divindade aos irracionais, mas também a objetos inanimados e carentes de sentido"[7]. Os indígenas, com efeito, sabiam e ainda sabem descobrir em cada coisa, em "cada planta, animal, rocha ou estrela", "um deus recluso", segundo a bela expressão de López Austin. O próprio López Austin caracteriza evocativamente o indígena como alguém que se reconhece "constituído e envolto pelo divino, navegando em heterogêneas concentrações de sacralidade", convivendo com os deuses e compartilhando trabalhos com eles[8]. A divindade é aqui algo tão íntimo, tão familiar, tão próximo e tão difundido em tudo que existe, que não implica qualquer cisão religiosa entre o divino e o mundano, entre o criador e a criatura[9].

Como na causalidade subsistente spinozista, a criatura é uma extensão do criador, o divino se desdobra no mundano, o material é a própria presença do espiritual. Isso pode ser visto muito bem no mito *nahua* da criação do ser humano com os "ossos preciosos" dos ancestrais moídos e amassados com o sangue de Quetzalcóatl[10]. O criador cria com seu próprio sangue sua criatura. O humano é como um filho da divindade, como uma extensão ou ramo dela, mas o mesmo sucede com todos os outros seres deste mundo, pois emanam do divino. Em geral, nas visões de

DIÁLOGO E HORIZONTALIDADE

mundo pré-hispânicas, como elucida López Austin[11], um deus supremo se prolonga e se ramifica em deuses menores, que se ramificam, por sua vez, em todas as pessoas e coisas que existem. Afinal, no enramado em que o sujeito se encontra, o outro não é apenas respeitado como sujeito, mas venerado como divindade.

A divinização consuma a subjetivação. Reconhecer o outro plenamente como sujeito, estabelecendo assim uma relação verdadeiramente intersubjetiva, necessariamente nos leva a ver nele uma infinitude que impõe veneração e que pode nos fazer vislumbrar em seu rosto algo transcendente, metafísico, sagrado. Isso foi muito bem compreendido por Emmanuel Lévinas[12]. Também foi entendido, talvez até melhor, pelos povos originários da Mesoamérica.

No entanto, ao contrário da tradição indo-europeia[13] em que se localiza Lévinas, os indígenas mesoamericanos descobriram a transcendência metafísica em toda a natureza e não apenas na humanidade. Isso faz que muitos deles, pelo menos aqueles que perpetuam seus saberes ancestrais em suas ideias e ações, evitem profanar os seres naturais sacralizados ao subjugá-los, ao subordiná-los à sua vontade e ao exercer poder sobre eles. Como bem apontou Luis Villoro, o que existe na Mesoamérica não é o "afã de dominar a natureza" característico da "tradição judaico-cristã", mas "formas de unidade e harmonia com o outro em que se manifesta o sagrado, mesmo que em demérito do poder da cultura"[14]. Os seres humanos devem limitar-se frente ao que veneram, obedecer a ele e, às vezes, inclusive se deixar por ele dominar[15].

Talvez a sacralização de todos os seres naturais tenha feito as grandes civilizações mesoamericanas carecerem de certos recursos técnicos para se enriquecerem, se fortalecerem e se oporem com êxito à conquista e colonização europeia. No entanto, a mesma sacralização mostra que essas civilizações souberam apreciar o valor da existência intacta dos mesmos seres da natureza, compreendendo que "os enfeia nossa ânsia" e que "nossa inventividade os deteriora", como dizia poeticamente Ayocuan Cuetzpaltzin[16]. O apreço e o respeito dos indígenas pelo natural sacralizado permitiram a eles escapar do especismo indo-europeu e das

77

tendências depreciativas e destrutivas que caracterizam a relação norte-ocidental moderna com tudo o que não é humano. Se ainda nos resta um pouco do mundo, é também graças aos povos originários, como os mesoamericanos, que souberam respeitar e até divinizar o que nos rodeia.

RELAÇÕES IGUALITÁRIAS

Talvez a divinização da natureza nos faça pensar em sujeitos que se rebaixam e se submetem a um mundo temido e percebido como invencível e onipotente. Haveria aqui, então, outra forma de verticalidade, em que os indígenas seriam dominados por aquilo que os europeus teriam dominado por meio de seus avanços técnicos. Essa ideia é convincente, mas imprecisa, pois os povos originários, por mais que respeitem, divinizem e venerem a natureza, não se colocam em condição de rebaixamento e submissão diante dela. As relações que estabelecem com ela não são verdadeiramente verticais. Ao contrário, eles demonstram uma desconcertante horizontalidade.

A relação horizontal entre os seres humanos e os divinos pode ser ilustrada, paradoxalmente, por meio dos sacrifícios celebrados nos tempos pré-hispânicos. Ao contrário do que acontecia em outras civilizações, tais sacrifícios não eram feitos apenas para agradar aos deuses ou aplacar sua ira, mas para mantê-los vivos, para dar a eles o alimento de que necessitavam, para que eles e a natureza pudessem continuar, o que demonstra um "princípio social de reciprocidade" entre homens e deuses, "reciprocamente dependentes"[17]. Os seres humanos dependiam tanto da natureza divinizada quanto ela dependia deles para existir. A relação que estabeleceram era, mais uma vez, recíproca, intersubjetiva e bidirecional, e caracterizava-se por seu caráter horizontal e igualitário[18].

Talvez a visão mesoamericana de horizontalidade e igualdade entre seres divinos e humanos se explique porque os primeiros não são criadores dos segundos, e sim, como vimos e como López Austin também apontou, há um "processo de transformação dos deuses em criaturas"[19].

DIÁLOGO E HORIZONTALIDADE

Todos os seres – culturais, animais, vegetais e até minerais – constituem transformações dos deuses, que, por isso mesmo, não são em sentido estrito superiores a eles. Não há aqui nenhuma superioridade estrutural e absoluta. As posições no eixo vertical são projeções contingentes e relativas de uma horizontalidade que também rege, como é lógico, as formações sociais da Mesoamérica.

Se a religião é um reflexo ideológico da sociedade, como pensamos no marxismo, então não deveríamos nos surpreender ao descobrir nas comunidades indígenas as mesmas relações horizontais características de suas crenças religiosas. Existe um princípio mesoamericano de horizontalidade que rege as instituições e as relações entre os sujeitos. Esse princípio não impediu que houvesse uma estratificação marcante em sociedades tão complexas como algumas das que existiram em tempos pré-hispânicos[20]. No entanto, mesmo nas organizações sociais mais estratificadas, os sujeitos pertencentes às camadas altas eram desacreditados ao "imprimir medo" ou por serem "gananciosos" ou "soberbos", ao passo que eram estimados pela "generosidade", "humildade" e pelo "amparo" que davam a seus súditos, como sabemos por Bernardino de Sahagún[21]. Foi assim que o princípio de horizontalidade não deixou de regular a subjetividade, ainda que fosse como aspiração, como ideal normativo em condições de verticalidade[22].

Após o colapso dos grandes reinos e impérios da era pré-hispânica, o princípio de horizontalidade conseguiu manter-se, acentuar-se, materializar-se e impor-se nas comunidades mesoamericanas caracterizadas por seu igualitarismo. Eric Wolf observou que essas comunidades "se esforçam para abolir a riqueza e redistribuir o poder"[23]. Ambos os propósitos se cumprem, efetivamente, por meios niveladores como o forte sentimento comunitário, comportamentos solidários, a propriedade comunal, a produção orientada para a autossuficiência, os cargos que oferecem autoridade e prestígio em troca de serviços à comunidade, e o desperdício segundo uma lógica de *potlatch*[24].

Os meios niveladores operam em todos os povos mesoamericanos. Como explica Bonfil Batalla, "tendem a equalizar os padrões materiais de vida e dificultam o surgimento de diferenciais de riqueza"[25]. Embora certamente haja hierarquias determinadas por idade e prestígio, as desigualdades econômicas costumam ser mínimas em comunidades indígenas predominantemente horizontais. O princípio de horizontalidade garante certa igualdade, bem como protege a comunidade contra a dominação, o abuso, a injustiça, a exploração e a ostentação da riqueza[26].

O princípio mesoamericano de horizontalidade impõe ao sujeito uma estrita consideração pelo outro humano ou não humano. É a essa consideração que Vásquez Monterroso e Urizar Natareno se referem quando atribuem aos povos originários mesoamericanos um "respeito ritual que existe tanto entre as pessoas, como entre as pessoas e as divindades, assim como entre as pessoas e a natureza", todos constituindo "expressões de um mesmo *continuum* que constrói um campo de igualdade relacional"[27]. Tal igualdade faz com que o próximo seja respeitado, o consenso seja buscado em assembleias ou permissão seja pedida à árvore ou ao milho antes de cortá-lo.

DIMINUIR-SE PARA SER IGUAL

Lembremos que o respeito mesoamericano pelos seres naturais acaba se traduzindo em sua divinização. O indígena sabe que deve se curvar diante do que respeita para preservar uma relação verdadeiramente horizontal. Como já vimos ao nos referirmos a Lévinas, a horizontalidade exige paradoxalmente certo retraimento, submetimento, acatamento e inclusive apoucamento, como formas de reconhecimento do outro como sujeito.

A subjetivação da natureza pode levar os povos originários a temê-la, a curvar-se diante dela e desapropriar-se de seu espaço. Isso leva a uma situação bastante curiosa, como a encontrada por Carlos Incháustegui na zona *mazateca*, onde o ser humano se percebe como um estranho na terra, como um visitante ou convidado, "o único não nativo", que por isso está subordinado aos seres naturais, devendo "pagar tributo aos verdadeiros donos da terra" cada vez que toca, pega, corta ou altera de

DIÁLOGO E HORIZONTALIDADE

alguma forma o que lhe rodeia[28]. É uma bela imagem da forma como o indígena mesoamericano se reconhece diferente de todos os outros seres naturais, mas não como o ocidental que acredita ser mais do que eles, e sim porque se sabe outro, estranho, diferente, inclusive de alguma forma menos que eles como único meio de ser igual a eles.

O princípio de horizontalidade exige que o indígena se incline ao outro. A inclinação é diante dos seres da natureza, mas também diante de outros seres humanos. O sujeito deve aprender a obedecer, assentir, fazer concessões e dobrar-se ao outro. O resultado é um comportamento como o dos *tsotsiles* que Guiteras Holmes observou em San Pablo Chalchihuitán, onde "cada um olha onde o outro está semeando, e se este semeou de um lado, o outro semeia acomodando-se ao que foi feito"[29]. Os sujeitos procuram, assim, formas de se adaptarem uns aos outros, preferindo ceder do que se impor, o que alimentou o velho mito da submissão natural dos povos originários da Mesoamérica[30].

A verdade subjacente ao mito da submissão indígena é um profundo sentimento igualitário que faz um sujeito se curvar diante do outro como precaução para preservar a horizontalidade, para manter a relação intersubjetiva, mesmo quando se trata de uma hierarquia em que o outro é o subordinado. Assim, na política mesoamericana, a posição de autoridade tem que dominar a si mesma para se contrabalancear e não dominar o outro. Podemos evocar aqui a máxima zapatista de "mandar obedecendo". Lenkersdorf observa a esse respeito, no caso da comunidade de *tojolab'al*, que "os verdadeiros líderes recebem todo o respeito porque sabem articular o pensamento da comunidade e, nesse sentido, obedecem à comunidade"[31].

Praticamente a comunidade é quem manda em vez de obedecer, enquanto a autoridade é quem obedece em vez de mandar. Só considerando tal inversão de papéis conseguimos compreender situações surpreendentes na vida política dos *tsotsiles* de Chiapas, como as que lemos em *Juan Pérez Jolote* de Ricardo Pozas. Em uma cena, vários indígenas "escapam correndo" e são "levados à força" para serem "nomeados autoridades". Em outra cena, uma autoridade recém-eleita jura que

81

"servirá alegremente" à comunidade, caso contrário, "ficará doente"[32]. A comunidade é que é servida, ao passo que a autoridade é que serve, o que basta para compreender que existem *tsotsiles* que escapam correndo para não serem autoridades[33].

Os indígenas mesoamericanos traçam uma clara distinção no seio do poder entre a comunidade que o possui e o indivíduo que o exerce. O contraste com a política das democracias representativas ocidentais é óbvio demais para ser explicitado. Tampouco é necessário destacar a contradição entre essa horizontalidade mesoamericana e a dimensão vertical em que se erguem os psicólogos que usam seus supostos saberes para exercer poder sobre o sujeito ao objetificá-lo, avaliá-lo, diagnosticá-lo, estigmatizá-lo, direcioná-lo, sugestioná-lo, canalizá-lo e decidir seu destino.

7:
HUMILDADE

NANAUATZIN: HUMILDADE RECOMPENSADA

Evidentemente, os povos indígenas mesoamericanos podem ambicionar o poder e disputá-lo. Também é comum que as disputas partidárias dilacerem os tecidos comunitários na atualidade. No entanto, se tantas comunidades repudiam os partidos políticos, é justamente porque os julgam incompatíveis, por um lado, com suas próprias dinâmicas intersubjetivas horizontais e, por outro, com a atitude que tais dinâmicas exigem dos sujeitos, uma atitude respeitosa, comedida, recatada e modesta que podemos resumir com a palavra "humildade", diametralmente oposta ao comportamento soberbo e ambicioso da maioria dos líderes políticos.

A humildade, correlativa da horizontalidade intersubjetiva, é um valor supremo nas culturas mesoamericanas. Podemos rastrear sua origem desde os tempos pré-hispânicos. Ao contrário do que acontece em uma mitologia como a grega, os relatos mitológicos mesoamericanos tendem a desacreditar os deuses orgulhosos e a exaltar e valorizar mais os humildes.

Um bom exemplo é o de Nanauatzin, um deus pobre e discreto, modesto e sem ambições, que prefere ouvir a falar, mas que por isso mesmo pode se tornar o sol com todo seu brilho e esplendor, enquanto o rico e orgulhoso Tecuciztécatl será lua, e um coelho será esmagado em sua cara para "lhe ofuscar o resplendor"[1]. Encontramos outros exemplos de orgulho castigado em diversas passagens do *Popol Vuh*. Vucub-Caquix, caracterizado como "ser orgulhoso de si mesmo", é "despojado das coisas de que se orgulhava" porque "parecia errado que ele se orgulhasse". Da mesma forma, alguns dos primeiros homens foram transformados em macacos porque "se ensoberbeceram". Outros que "queriam se engrandecer" tiveram que acabar morrendo. A moral da história de todos esses relatos é bastante clara e explícita. Lemos no *Popol Vuh*, de fato, que "os homens não devem se envaidecer pelo poder ou pela riqueza", e que "não é certo" quando alguém "exalta sua glória, sua grandeza e seu poder"[2].

A moral da história do *Popol Vuh* torna-se no *Rabinal-Achí* um requisito formal para sobreviver e se redimir. O Chefe Cinco-Lluvia só aceita acolher e perdoar a vida do homem *k'iche'* capturado, com a condição de que ele "seja humilde, incline-se, incline seu rosto". No final, o prisioneiro deve morrer porque se deixa "vencer pelo desejo de seu coração, por sua audácia, por sua bravura"[3]. Talvez possamos simplesmente afirmar que o homem *k'iche'* é derrotado por seu orgulho, que não lhe permite se beneficiar da hospitalidade e indulgência de seus captores.

Os soberbos podem receber seu castigo como nos relatos *mayas*, mas também ser severamente repreendidos como na história *p'urhépecha*. A *Relación de Michoacán* inclui as recriminações que o *petamuti*[4], o sacerdote maior, dirige aos senhores, jogando-lhes na cara a soberba pela qual esquecem que eram escravos, "parece-lhes que são reis", exigem que carreguem "assentos e cadeiras" atrás deles, "todos tornam-se ingratos porque agora são caciques e senhores, e amam seus corpos por não trabalhá-los"[5]. O amor pelo próprio corpo, entendido como amor-próprio, é aqui uma manifestação de soberba que se traduz em preguiça, em ingratidão, mas também em covardia, pois os repreendidos amam tanto seu corpo que não o expõem à guerra. Coragem, gratidão, diligência e outras virtudes exigem, portanto, uma subjetividade humilde e modesta.

O espírito das recriminações do *petamuti p'urhépecha* reaparece nos ensinamentos paternos do mundo *nahua*. Francisco Hernández observa que, entre os *mexicas*, os "próceres e outros homens principais recomendavam aos filhos humildade e modéstia"[6]. No *huehuehtlahtolli* escutamos os pais *nahuas* aconselharem insistentemente seus filhos a que "não se vangloriem", "não se altivem" e que sejam "humildes com todos"[7], que "se humilhem, se inclinem com respeito, abaixem a cabeça", que "não queiram a boa aparência, nem estejam sempre penteados, não fiquem se vendo no espelho", que não se "adiantem" aos demais nem ao falar nem ao andar, que "não sejam insolentes" ou "se embriaguem" com sua linhagem e sua nobreza[8].

HUMILDADE

A humildade é para os *nahuas* mais do que uma simples virtude. Expressa a orientação do sujeito para a outridade e a comunidade. É paradoxalmente um sinal de grandeza e amor por si próprio e não apenas pelos demais. Apreciar os outros é apreciar a si mesmo como parte da comunidade. E ao contrário, como se diz nitidamente em um dos conselhos *huehuehtlahtolli*, "se só se despreza" os outros, "se aborrece a si mesmo"[9]. Os pais dão o exemplo dos antepassados, que eram tão grandes porque também "não se exaltavam", "não menosprezavam os que eram inferiores" e, por maiores que fossem suas riquezas, "não perderam o juízo" nem "algo de sua humildade", mas, ao contrário, "eram humildes, respeitavam a todos, se agachavam até a terra e se consideravam como nada"[10]. Essa humildade dos ancestrais, uma das qualidades em que reside sua grandeza, opera para os descendentes como algo que eles devem imitar e diante da qual eles mesmos devem se humilhar[11].

Entre os grupos *mayas*, o ideal mesoamericano de humildade dá lugar a uma forma de auto-humilhação diante dos ancestrais. Já de entrada, o narrador do *Chilam Balam de Chumayel* pede a "seus senhores pais e aos mais sábios mestres" que lhe "perdoem seus erros", apresenta-se como "o pior de seus filhos" e confessa que "não é muita sua inteligência"[12]. Da mesma forma, em um belo texto *tsotsil* da segunda metade do século xx, o autor se deprecia e se desculpa: "dá-me o teu perdão, Senhor, porque não sei me explicar, não sei me expressar, Sagrado Pai; não sei mais como se expressaram seus filhos meus antepassados, como os curandeiros anteriores, como os médicos antepassados", que "certamente te veneravam da melhor maneira possível"[13].

TLACAZÓLYOTL: AVIDEZ CONDENADA

O *maya* se mostra humilde diante de seus antepassados, que julga serem maiores do que ele. No entanto, se os julga maiores, como vimos, é também porque os vê como seus modelos de humildade. Essa humildade, tal como manifestada nos ancestrais, não é apenas o contrário da soberba ou da vaidade, mas também da ganância e da avareza. León-Portilla cita a esse respeito uma passagem do *Códice Florentino* em que se diz: "Nossos antepassados não vieram para ser soberbos, não vieram para procurar com avidez, não vieram para ter voracidade."[14]

O próprio León-Portilla nos explica em outro lugar que a avidez, *tlacazólyotl*, o "abuso e excesso na possessão", era vista pelos antigos *nahuas* não apenas como um vício ou um erro, mas como uma das duas grandes vias "até o mal", pois "desvirtuava, por falta de autocontrole, o que as coisas podiam ter de agradável"[15]. A melhor ilustração dessa avidez não deve ser buscada, obviamente, entre os indígenas mesoamericanos das épocas pré-hispânicas. Não é aí onde está, mas no atual empresário voraz ou no conquistador espanhol do século XVI[16].

Excluindo a ganância e a possessividade voraz que imperam no mundo capitalista desde os tempos da conquista, a virtude cardeal mesoamericana da humildade exige que a pessoa demonstre seu desprendimento, que "não seja avarenta", que esteja disposta a "dar" aos demais, mesmo que seja "um pouquinho", como uma mãe recomenda à filha em um dos *huehuehtlahtolli* recolhido por Olmos[17]. Esse desprendimento é um traço característico dos povos originários da Mesoamérica, incluindo os *huaves*, nos quais Séjourné já notava um "desprendimento desdenhoso em relação ao dinheiro"[18]. Na verdade, o desprendimento em questão não se refere apenas ao dinheiro, mas a todas as posses, exigindo que o sujeito não se aferre ao que possui, que não pretenda retê-lo, muito menos incrementá-lo e acumulá-lo. O que é possuído, nesse caso, nem mesmo constitui verdadeiramente uma posse no pleno sentido europeu da palavra. Não é uma propriedade, mas uma espécie de encargo do qual alguém se liberta cedo ou tarde[19].

TLAPALEWILISTLI: AJUDA, DESPRENDIMENTO E GENEROSIDADE

O indígena humilde, virtuoso, aceita se desprender de seus bens e de tudo que há na vida. Vislumbramos aqui a profunda sabedoria de

HUMILDADE

Nezahualcóyotl quando canta que "o que é desta vida é emprestado, que num instante o teremos que deixar"[20]. O sujeito não tarda em morrer e assim perde tudo que possui, tudo que se lhe empresta. Na verdade, sendo um empréstimo, não se possui. Nem a si mesmo.

O sujeito forma parte do empréstimo da vida. Tal empréstimo nem mesmo é para ele, mas para os demais. Como diz Temilotzin em um belo poema, "nos teremos dado em empréstimo uns aos outros"[21]. É para os outros que o sujeito existe. Sua existência não pertence a ele, mas aos outros, a *todo o demais*, à totalidade e a uma mãe terra que se associa com a totalidade.

É reconhecendo-se como filhos da terra que os indígenas mesoamericanos compreendem que nada lhes pertence. Nada é deles, tudo é de todos, porque tudo é da terra da qual eles também são, da qual formam parte, da qual provêm. López Bárcenas reconstruiu esse raciocínio entre os *mixtecos*: "se parte da ideia de que todos somos filhos da terra, nossa mãe"; se deduz "que nada nos é próprio, posto que estamos de passagem pela vida e voltaremos ao seu seio"; conclui-se "que o mínimo que se pode fazer é compartilhar o que se tem emprestado ou o que se tem que é de todos"[22]. A conclusão é o desprendimento.

Desprendemo-nos do que temos depois de nos desprendermos do que somos ao nos reconhecermos como parte da totalidade. Isso *deve ser* assim. É um imperativo mesoamericano que ordena desprender-se de si mesmo e do que se tem. Esse imperativo explica a proverbial generosidade dos indígenas, que, além de nivelar e favorecer a igualdade, protege os mais vulneráveis e, assim, contribui para a conservação da comunidade[23].

O desprendimento e a generosidade parecem derivar, por sua vez, de um conceito particular de ajuda, *tlapalewilistli* em *náhuatl*, que Yuribia Velázquez Galindo estudou em profundidade entre os *nahuas* da Sierra Norte de Puebla. Embora implique um componente de reciprocidade e obrigatoriedade, a ajuda entre os seres humanos e os demais deve ser "voluntária e com alegria" e basear-se no "amor desinteressado", sendo uma "força emotivamente plena cujo valor é inalienável", razão pela qual se mantém "conectado" ao doador[24]. Não poderia haver aqui um intercâmbio de favores que circulam como se fossem mercadorias, dando e recebendo de forma interesseira, segundo os interesses individuais, e em função do valor de troca de cada favor no grande mercado em que se transformou a sociedade capitalista moderna. O que existe no contexto mesoamericano é um sistema de ajuda mútua em que os atos generosos têm um valor intrínseco e se entrelaçam em prol do interesse coletivo.

O desprendimento distintivamente mesoamericano, de que tanto se aproveitaram espanhóis e mestiços, permite, hoje em dia, justificar a presença, as remunerações e as bolsas de estudos de inúmeros funcionários, profissionais, acadêmicos, pesquisadores e estudantes universitários, entre eles muitos psicólogos e futuros psicólogos, que lideram seus projetos em comunidades indígenas. Delas extraem dados, informações, experiências e evidências de experiências, enquanto as mineradoras e outras empresas extraem suas riquezas naturais. Todos obtêm vorazmente seu substancioso espólio ao aproveitar-se do desprendimento indígena. A generosidade dos saqueados complementa a voracidade dos saqueadores.

É verdade que os saqueadores às vezes aprendem muito das comunidades com as quais trabalham. Há algo, porém, que não costumam aprender, que é justamente o desprendimento que tanta sabedoria lhes dá. Esse desprendimento não tem cabimento no âmbito psicológico no qual reina o afã de ganhar e acumular vários benefícios, incluindo recompensas financeiras, reconhecimento acadêmico ou simples créditos universitários.

A psicologia dominante exclui o desprendimento, não apenas em seu exercício, em seu modo de proceder, mas também em suas prescrições, propósitos e efeitos. Em vez de ajudar os sujeitos a se desprenderem do que são e se abrirem à comunidade, faz com que se apeguem a si próprios como se fossem propriedades para serem empresários de si mesmos, para especular consigo mesmos, se explorarem e se venderem à melhor licitação. O resultado é bem conhecido: indivíduos bem-sucedidos e até alegres, mas à custa de si mesmos, dos outros e de tudo que existe, pois nada vivo se preserva intacto quando é retido e usado em vez de simplesmente ser distribuído e compartilhado[25].

8:
VIDA E MORTE

ONEN TACICO: VIVER POR VIVER

López Austin oferece uma esclarecedora comparação entre as formas diferentes, contraditórias e irreconciliáveis de como a vida humana era concebida na Europa e na Mesoamérica no século XVI. Para os evangelizadores cristãos, a vida era uma "brevíssima passagem pelo mundo, um mero instante, mas tal era a transcendência que bastava para determinar um eterno além". Por outro lado, para os povos mesoamericanos, a eternidade era determinada mais pelo modo como se morria do que pelo modo como se vivia. Quanto à vida, era uma existência completa que tinha um fim em si mesma e na qual a pessoa recebia "a recompensa por seus esforços, os gozos compensatórios, os castigos por suas faltas"[1].

A existência indígena na Mesoamérica é uma totalidade que se basta, que se equilibra em seu interior e que tem sentido por si mesma, e não pelo que virá depois dela. Ao contrário, a vida europeia está incompleta, precisa se completar com algo ulterior e exterior, carece de sentido por si mesma e o busca no além, na eternidade em que está inserida. Essa eternidade é o que importa para os evangelizadores, que, portanto, exortam os indígenas a ver a vida na terra como um simples segmento da vida eterna, como uma primeira etapa que só tem importância pelo que se segue, sendo uma espécie de prova decisiva para evitar o inferno e conquistar o paraíso.

Como explica o antropólogo *tsotsil* Jacinto Arias, os cristãos veem sua existência mundana como um "condutor até a vida sobrenatural", enquanto os indígenas mesoamericanos "não têm nenhuma preocupação com a vida sobrenatural", pois "já vivem no mundo invisível ao mesmo tempo que no visível", e concebem suas interações com o mundo "não como um meio, mas como um fim em si mesmo"[2]. Essa valorização absoluta da vida como tal, por si mesma e não por sua relação com algo mais, a tornará de alguma forma refratária à exploração da qual é objeto como força de trabalho no mundo capitalista. É patente que as existências dos indígenas levam mais de cinco séculos sendo exploradas, mas há nelas algo cultural que resiste internamente à exploração. Esse é o valor intrínseco absoluto que os povos mesoamericanos tradicionalmente atribuem à vida, um valor que não é de uso, muito menos de troca, que não serve para nada, nem por si mesmo, nem por seu intercâmbio por outra coisa.

A vida indígena costuma ser depreciada como inútil, mas a inutilidade atribuída a ela é precisamente a prova de seu valor intrínseco absoluto. Digamos que é tão valiosa que não precisa ser útil para se justificar. Assim, difere de nossa vida, que só vale a pena na medida em que pode ser usada para ganhar algo mais, seja fortuna, fama ou poder na terra, ou bem-aventurança eterna no Éden celestial.

Enquanto o bom cristão se convence de que sua vida lhe será útil para merecer o céu, o indígena mesoamericano sabe que sua vida pode não ter utilidade alguma. Essa possibilidade parece se tornar uma certeza para alguns poetas *nahuas*, entre eles Ayocuan Cuetzpaltzin, que sustenta, cantando, que "chegamos *onen tacico* (em vão)". O termo *onen* tem o sentido preciso de "sem fruto, sem proveito, em vão". Se é "em vão" que chegamos, se é em vão que vivemos, é porque "nada restará"[3]. Não há nem fruto nem proveito da vida. Não há, assim, nada pelo que devemos viver. Vivemos tão só por viver porque não esperamos que haja nada após a morte que possa retroativamente conferir um sentido à vida.

O poeta *nahua* se distingue nitidamente do evangelizador espanhol por não apostar em nenhum depois no qual sua existência ganhará um sentido transcendente. Se a existência tem um sentido para Ayocuan, o sentido tem de ser imanente a ela. Deve estar nela pois não há certeza de que haja algo fora dela.

O poeta *nahua* só tem a certeza de ter uma vida no mundo em que se encontra. Digamos que ele não se ilude. Talvez alguém como Xayacámach de Tizatlán possa se perguntar, esperançoso, se "por acaso voltaremos de novo à vida", mas é só para escutar logo depois a triste

VIDA E MORTE

resposta, a que "sabe seu coração": "somente uma vez viemos a viver"[4].
Há apenas uma vida, que termina com a morte.

TLAZOTLI: VALOR DA VIDA

A dolorosa consciência da finitude existencial, que ainda levará muito
tempo antes de começar a torturar os europeus, já está no centro da
sensibilidade *nahua* pré-hispânica. O interessante é que essa consciência
não se traduza em uma desvalorização da vida finita, mas, ao contrário,
a torna um absoluto e, portanto, lhe atribui um valor também absoluto.
A vida só pode ser valorizada dessa forma por quem toma consciência
de sua finitude[5].

É pensando na morte que Cuacuauhtzin compreende que ele "só
tem sua vida"[6]. É também recordando que irá morrer que Tlaltecatzin
conclui que sua vida é uma "coisa preciosa"[7]. A palavra *náhuatl* usada
aqui para descrever a vida é *tlazotli*, que designa uma coisa preciosa,
valiosa, cara, amada e rara. É compreensível que a vida tenha todas essas
qualidades para quem aceita, como os poetas *nahuas*, que talvez seja tudo
que há, que não há nada mais, que não há um depois.

Não havendo mais que a vida, o melhor que podemos fazer é des-
frutá-la. É o conselho de vários poemas *nahuas*. Um de Nezahualcóyotl
nos exorta enfaticamente a "sermos felizes" antes de morrer[8]. Outro
recomenda que "em paz e prazer passemos a vida" enquanto vemos a
morte diante de nossos olhos. Ainda outro nos convida a "gozar" porque "não duas vezes se vem à terra"[9]. Como vemos, os pensamentos
subjacentes à recomendação de ser feliz convergem no caráter único,
finito e breve da vida, bem como na iminência da morte. É na tensão
de ser para a morte, na valente consciência da própria mortalidade, sem
consoladoras ilusões como as do cristianismo europeu, que os *nahuas*
optam pela felicidade nesta vida.

Ser feliz na Mesoamérica exige aceitar a morte e os limites estreitos
da própria vida individual, mas também transcendê-los ao contribuir

95

individualmente para uma existência comunitária harmoniosa. Essa existência é a chave das várias noções de vida boa que encontramos nos povos originários mesoamericanos. Por exemplo, entre os *tseltales*, o *lekil kuxlejal* implica uma "harmonia" que deriva "da unidade de vontades que conformam *jun nax ko'tantik* (um só coração)"[10], ao passo que o *sesi irekua* dos *p'urhépechas* exige "pensar, agir e trabalhar sob o compromisso de manter a harmonia na união comunal"[11]. Em ambos os casos, a comunidade constitui o espaço para a realização plena, harmônica e feliz da vida boa do indivíduo.

A esfera individual se vê transcendida tanto no contexto mesoamericano quanto no europeu. No entanto, enquanto na Europa a transcendência costuma ser buscada por meio de ilusões projetadas em outra vida ou feitos realizados nesta vida, na Mesoamérica o indivíduo transcende por meio da boa vida em comunidade. Essa boa vida é uma existência feliz e harmoniosa, modesta e responsável, autossuficiente e generosa, consciente de sua morte individual, mas centrada no espaço comunitário e não na posteridade ou na imortalidade da alma.

Ao contrário do europeu, o indígena mesoamericano se coloca o desafio de ter uma vida boa sem posteridade ou imortalidade, sem truques, nem pretextos, nem sedativos, nem estimulantes, renunciando ao ilusório do além, mas também ao supérfluo no aqui e agora. Não é nos excessos, poderes, conquistas, riquezas e honras que o indígena busca a felicidade inerente à vida boa. Isso se associa para ele com os humildes prazeres cotidianos, como descanso, alimentação e procriação, sexualidade e maternidade ou paternidade.

Nos ditos dos antigos, os *huehuehtlahtolli* coletados por Bernardino de Sahagún, um pai prescreve para sua filha "a risada, o sonho, o comer e o beber", bem como "o ofício da gestação", descrevendo-os como "coisas que dão alguma alegria às nossas vidas por pouco espaço"[12]. A brevidade, à qual voltaremos em breve, é correlata da humildade e da simplicidade. É pouco o que o sujeito precisa para ser feliz, mas sua felicidade é facilmente frustrada quando sua necessidade se vê suplantada, demasiadamente completa.

VIDA E MORTE

Os indígenas mesoamericanos condenam o excesso e o consideram fonte de sofrimento, desassossego e ruína. A tranquilidade e a felicidade exigem moderação. Os *huehuehtlahtolli* recomendam "temperança" na comida, na bebida e no "ato carnal"[13]. Esses prazeres devem ser moderados para não causar dano ou dor a quem os desfruta.

IN XÓCHITL, IN CUÍCATL: **POESIA DA VIDA**

Além dos prazeres mencionados, há um que está no cerne da ideia *nahua* de felicidade na vida humana. É a poesia, descrita figurativamente com o belo difrasismo[14] *náhuatl: in xóchitl, in cuícatl*, que significa literalmente "flor e canto". Esse prazer, como os demais, é recomendado pelos poetas *nahuas* frente à brevidade da existência. Um poema nos aconselha a apreciar a flor e o canto, lembrando-nos que "somente aqui na terra é onde perduram"[15]. Só aqui há lugar para a poesia, então a poesia deve reinar no tempo de nossa vida.

Depois de nos convidar a sermos felizes enquanto caminhamos para a morte, Nezahualcóyotl insiste que "aqui na terra", onde ainda estamos vivos, "rege a lei das flores" e "a lei do canto"[16]. É como se a poesia fosse o que deveria reinar frente à morte assumida como tal, quando se aceita que não há outra vida após a morte, quando há apenas esta vida que não tem um sentido transcendente além de si mesma. Quando se vive apenas para viver, para viver antes de morrer, "ao menos flores, ao menos cantos!", como diz Ayocuan Cuetzpaltzin[17] ao pensar em sua própria morte.

A pura imanência da vida se plasma e se goza por si mesma na poesia. A forma poética, impondo sua verdade a seu conteúdo, expressa muito do que é a vida para os *nahuas*: forma sem um conteúdo que dela se distinga artificialmente, imanência carente de transcendência, materialidade sem idealidade, aqui sem além, vida por vida, vida sem outra vida exterior e ulterior. A vida que só vale por si mesma, que não tem outro sentido senão o que está nela, é como os poemas, como as flores e os cantos que significam o que são, que não têm outro sentido senão sua existência imanente e sua beleza literal ou material[18].

A poesia *nahua* é ela mesma uma metáfora da vida e uma manifestação da filosofia materialista, do materialismo e não do "ceticismo universal e absoluto", como bem observou León-Portilla. Observando isso, León-Portilla também apontou como a poesia *nahua* implica "um modo peculiar de conhecimento, uma experiência interior, uma intuição" e até uma "verdadeira revelação". O que se revela de alguma forma, para o próprio León-Portilla, é o princípio vital *nahua*, a alma propriamente dita, o *yóllotl*, esse "dinamismo do eu que o faz ir atrás das coisas, em busca de algo que o preencha, às vezes sem rumo e às vezes até se encontrar com o único verdadeiro na terra, flor e canto"[19].

A poesia *nahua* é uma metáfora do destino da vida, mas também é o próprio destino. É igualmente o caminho até o destino e o único sentido que pode existir no caminho e no destino. É o sentido que tem uma vida entendida como algo que não tem sentido algum fora de si mesmo. Tudo isso é o que parece se manifestar em qualquer poema *nahua*, independentemente daquilo que esteja expressando exatamente.

CUEL ACHITZINCAN: **FUGACIDADE DA VIDA**

Além de manifestar a materialidade imanente da existência humana, a poesia *nahua* destaca por si mesma a brevidade extrema de uma vida tão fugaz como um poema, uma flor ou um canto. A consciência dessa fugacidade parece ter sido indissociável da existência *nahua* na época pré-hispânica. Os indígenas do centro do México estavam sempre sob advertência de que "não temos vida permanente neste mundo e brevemente, como quem se aquece ao sol, é a nossa vida"[20].

A brevidade da vida está permanentemente presente na cultura *nahua*, mas torna-se uma ideia fixa na poesia, como se a expressão poética exigisse manter sempre o olhar fixo na morte. Parece até que a referência à fugacidade é uma condição indispensável para a realização do poético,

VIDA E MORTE

talvez por um afã de harmonia entre a forma e o conteúdo. Ao mesmo tempo, talvez em virtude do funcionamento da poesia como uma metáfora da vida, a consciência da fugacidade é aparentemente uma condição indispensável para a verdadeira experiência da vida, pois não se vive de verdade, a não ser vivendo apesar da morte, da finitude e da brevidade.

Resumindo tudo que estamos refletindo, Nezahualcóyotl exclama: "Instante brevíssimo! Ainda assim tão breve que se viva!"[21] Tão somente pode se viver um momento, o tempo da vida, graças e apesar de sua fugacidade. Como diz Ayocuan Cuetzpaltzin, "aqui na terra é a região do *cuel achitzincan* (momento fugaz)"[22]. O momento (*achitzincan*), já breve por si mesmo, é descrito como ainda mais breve (*cuel*), como fugaz. A fugacidade é a temporalidade da vida humana, a única evidente, reconhecida corajosa e honestamente pelos *nahuas*, que não se consolam com ilusões de eternidade como fazem os cristãos europeus.

Enquanto os evangelistas falam de vida eterna, o poeta *nahua* Tochihuitzin Coyolchiuhqui compara nosso ser com "relva em primavera", pastagem que floresce, que dá flores que nascem "de nossa carne, algumas abrem suas corolas, logo se secam"[23]. A palavra *náhuatl on*, que aqui se traduz como "logo", não implica necessariamente nenhum retardo ou dilatação temporal. Simplesmente nos diz que morremos após viver, uma vez tenhamos vivido, tão breve como foi viver.

A vida humana é tão fugaz para os *nahuas* que nem sequer se consolida e toma consistência como vida. É mais como um sonho. O próprio Tochihuitzin Coyolchiuhqui exclama que "só viemos para sonhar", para depois reiterar que "não é verdade, não é verdade que viemos viver sobre a terra"[24]. O que aqui se nega é aparentemente que a vida seja o que se pensa ou se diz ser. Tochihuitzin parece constatar a diferença entre o que esperamos da vida e o que recebemos dela, entre nossas expectativas e a realidade, uma realidade caracterizada paradoxalmente pelo sentimento de irrealidade, mas também pela fugacidade e pelo esforço, a dor e a angústia.

ZAN NIHUALAYOCOYA:
SOFRIMENTO DA VIDA

Os *nahuas* da época pré-hispânica tinham uma clara consciência dos vários sofrimentos associados à vida humana. O desenvolvimento dessa consciência era parte central da educação de meninos e meninas. Nos *huehuehtlahtolli* transcritos por Bernardino de Sahagún, os pais preveniam os filhos de que o mundo era "muito perigoso, muito dificultoso e muito desassossegado, e muito cruel e temeroso, e muito trabalhoso" e "enganoso". As filhas recebiam advertências ainda mais desoladoras quando lhes dizia "neste mundo não há verdadeiro prazer, nem verdadeiro descanso, mas antes, há trabalhos e aflições e cansaços extremos, e abundância de miséria e pobreza", concluindo que "este mundo é mal e penoso", "é de chorar e de descontento"[25].

Nezahualcóyotl foi o poeta *nahua* que penetrou mais profundamente no sofrimento da vida, identificando o sofrimento com a vida, como quando exclamou que ele "veio apenas para ficar triste (*zan nihualayocoya*)"[26]. Estar sofrendo, triste ou aflito (*yocoya*), se apresenta nos poemas de Nezahualcóyotl como a inferência reflexiva de uma condição universal do gênero humano e não apenas como uma experiência imediata do sujeito singular. Por um lado, na imediatez e na singularidade, o sujeito canta em primeira pessoa o que está sofrendo: "Não tenho prazer, não tenho felicidade: só sofro na terra", o que, inclusive, o leva a exclamar, "que sorte se na verdade eu não tivesse saído, se na verdade não tivesse vindo para a terra". Por outro lado, na reflexividade e na universalidade, o mesmo sujeito fala por toda a humanidade e afirma categoricamente que "apenas se vem viver a angústia e a dor dos que no mundo vivem"; que "todos padecemos da mesma forma, todos andamos com angústia aqui unidos"[27]. A unidade amistosa parece estar associada com sua angústia, da qual os seres humanos se acalmam e se consolam graças às amizades, apoiando-se uns nos outros.

O problema é que os amigos também morrem. Nezahualcóyotl sabe disso e é uma das razões pelas quais sofre. O que nunca acaba é o

VIDA E MORTE

sofrimento. O poeta se pergunta se "alguém verá o fim da amargura, da angústia do mundo". Por enquanto, assim como Tochihuitzin Coyol-chiuhqui havia concluído que sonhamos em vez de viver, Nezahualcóyotl parece chegar à conclusão, com os mesmos versos, de que sofremos em vez de viver, pois "não é verdade que vivemos e que viemos para nos alegrar na terra"[28]. A alegria e a vida só se vinculam, portanto, para negar uma à outra. Se vivemos ao nos alegrar, então não estamos realmente vivos nesta vida em que apenas sofremos.

Os *nahuas* encontravam tanto sofrimento na vida humana que é compreensível que vissem a morte como uma espécie de libertação ou escapatória. As penas existenciais só ficavam para trás ao morrer. Por isso, os mortos eram homenageados com um discurso fúnebre em que primeiro se celebrava que já tinham "passado e padecido as labutas da vida"[29]. Viver era trabalhoso e morrer era como um descanso da vida. Somente com a morte se poderia parar, baixar a guarda e deixar de se esforçar para viver, pois a vida nunca estava ganha, tendo de se ganhá-la dia após dia[30].

TEZCATLIPOCA: INSEGURANÇA E PERICULOSIDADE DA VIDA

O problema para os *nahuas* era a vida mais do que a morte. É por isso que os mortos eram celebrados em vez de lamentados. Paul Westheim tem razão quando considera que "o homem do México pré-hispânico derrotou a morte ou, pelo menos, tirou-lhe o ferrão", já que para ele era tão "fácil morrer" quanto era "difícil viver". Como vimos, a dificuldade da vida pode ter sido precisamente o que explicava a facilidade da morte. O certo é que o trágico da existência dos *nahuas*, como bem sustenta o próprio Westheim, não era tanto o "medo da morte", senão a "dor da vida", a "angústia diante da vida, a consciência de estar exposto, e com meios de defesa insuficientes, a uma vida cheia de perigos"[31]. O duplo aspecto inseguro e perigoso da vida, como mostra Westheim, foi condensado em Tezcatlipoca, o deus contraposto a Quetzalcóatl.

101

Enquanto a figura divina de Quetzalcóatl se associava à paz e à civilização, a de Tezcatlipoca se associava à guerra e à destruição. O Tezcatlipoca, a sombria divindade tribal *chichimeca*, exigia os sacrifícios humanos repudiados pelo luminoso Quetzalcóatl, deus *tolteca* pacífico e pacificador. Os *nahuas* da época pré-hispânica encontram-se desgarrados nesse conflito entre a violência e a paz, entre a força *chichimeca* e a cultura *tolteca*, entre Texcoco e Tula[32].

O conflito histórico e político também tem um caráter cultural, metafísico e psicológico. Há algo de racionalidade espiritual em Quetzalcóatl. E, ao contrário, como Westheim mostrou, Tezcatlipoca resume as "demoníacas forças ocultas que obram conforme seu arbítrio". É "o pesadelo deificado", a metáfora divina da "convicção do homem de não ser dono de seu destino", a "constante ameaça do que pode acontecer que se encontra condensada, erigida em deidade"[33]. Tezcatlipoca é, portanto, o nome do incerto, do imprevisível e do ameaçador, pelo que se angustiam os *nahuas* diante da vida.

NAHUALAPAN: MISTÉRIO E CERTEZA DA MORTE

Entre os antigos mexicanos, a angustiante incerteza da vida é correlativa da certeza da morte. Essa certeza é reiterada e reforçada repetidamente nos poemas *nahuas*, que insistem quase obsessivamente no caráter inevitável da morte, bem como na fugacidade e fragilidade da vida. Cuacuauhtzin reconhece que "mesmo que fosse de ouro, eu seria fundido"[34]. Nezahualcóyotl evoca também a resistência das coisas materiais ao parar para refletir sobre a sua própria morte: "Embora seja jade, também se quebra; mesmo que seja ouro, também se racha; e até a plumagem do quetzal se despedaça."[35] A ideia é que há destruição mesmo da maior dureza que encontramos na materialidade. Se a coisa mais dura acaba cedendo, por que a frágil vida humana resistiria contra a morte?

A fragilidade da vida se expressa também metaforicamente pelas coisas materiais. Nezahualcóyotl anuncia: "Como uma pintura, nós iremos

VIDA E MORTE

apagar; como uma flor, iremos secar sobre a terra."[36] Não há razão para que a flor ou a pintura sejam mais perecíveis que a humanidade. É muito significativo, de fato, que o *nahua* reconheça humildemente seu próprio destino no das flores, no das pinturas, do ouro, do jade, das plumas de uma ave e em tudo mais. Assim como tudo acaba se destruindo, os seres humanos acabarão perecendo e desaparecendo. Nada nos faz excepcionais, diferentes de tudo, imperecíveis, em vez de perecíveis como tudo que existe.

Nezahualcóyotl repete que "todos iremos", que "todos morreremos na terra", que "todos desaparecerão", que "ninguém ficará", que "ninguém viverá aqui para sempre"[37]. A repetição, como já apontamos, tem um aspecto quase obsessivo. Morrer é uma ideia fixa que insiste até no momento do ato sexual, como quando Tlaltecatzin canta para uma *ahuiani*, alegradora, mulher do prazer: "Apenas te emprestas, serás abandonada, terás que ir, ficarás descarnada."[38] O efêmero do ofício da *ahuiani*, de seu papel e da relação passageira do homem com ela, serve também como metáfora para a fugacidade da vida e a iminência da morte.

A ideia fixa de morrer está sempre aí, espreitando cada pessoa, cada coisa. O poeta *nahua* não deixa de topar na vida com aquilo que os cristãos europeus não deixam de evitar, mesmo nos ritos funerários, nos quais estes se consolam com a ilusão da imortalidade, com as evocações do passado ou com a comoção dos enlutados para com o falecido. Diferentemente dessa evitação temerosa que acabará dominando a modernidade, as orações fúnebres dos antigos mexicanos afrontam o fato cru e irreparável da morte, dizendo ao defunto, sem hesitação, que ele foi para um "lugar escuríssimo sem luz nem janelas", que não terá como "voltar ou sair de lá" e que "não haverá mais memória" dele[39]. Talvez a única coisa relativamente consoladora seja que "vamos todos para lá" e que algo se crê saber sobre o que há lá: o *Mictlán* para as pessoas comuns, o *Cincalco* e o *Chichihuacuauhco* para as crianças, o paradisíaco *Tlalocan* para os afogados e vítimas de raios, e o *Omeyocan* ou *Tonatiuichan*, o céu em que vive o sol, para "aqueles que mataram em guerras e os cativos que morreram em poder de seus inimigos"[40].

Embora os *nahuas* tivessem crenças complexas sobre os lugares dos mortos, seus poetas reconhecem honestamente sua ignorância e não deixam de ser assaltados pelas dúvidas. Chichicuepon de Chalco ignora se "na região dos mortos se proferirá o alento e as palavras dos príncipes"[41]. Nezahualcóyotl não sabe se "talvez também haja calma lá onde estão os sem corpos"[42]. Ayocuan Cuetzpaltzin está intrigado com "o lugar onde de alguma forma se vive" e se pergunta se é como a terra, se "lá alguém se alegra" e se "há lá amizade"[43]. O além aparece assim como algo desconhecido, insondável, misterioso. Chichicuepon de Chalco descreve-o, de fato, como "as águas do mistério"[44], como *Nahualapan*, "rio de bruxos ou necromantes"[45]. A morte não deixa de ser misteriosa porque é inevitável, fatal, certeira. A certeza da morte é a certeza de um mistério.

MALINALLI: UNIDADE ENTRE A VIDA E A MORTE

O enigma dos mortos impregna o vivo e o tinge de mistério. Ao contrário dos europeus, que traçam uma distinção taxativa entre a vida e a morte, os *nahuas* as consideram inseparáveis e inclusive de alguma forma indiscerníveis entre si, pois encontram-se uma na outra, no fundo e na origem da outra. Essa ligação interna entre a vida e a morte se destaca simbolicamente por meio de várias figuras míticas pré-hispânicas examinadas por Westheim: o já mencionado Tezcatlipoca, o "criador e destruidor por excelência"; Coatlicue, deusa da terra e da morte, "grande parideira, de cujo seio surge tudo que tem vida e existência", e "grande destruidora, que volta para devorar tudo"; e especialmente Malinalli, caveira de onde brota a relva, signo de morte e imortalidade, "conceito do perecível e ao mesmo tempo do perene, da vida que rejuvenesce eternamente"[46]. Em todos os casos, verificamos a ideia *nahua* da unidade entre a vida e a morte, entre a criação e a destruição, entre a procriação e a aniquilação.

A coincidência do nascer com o perecer não se manifestava apenas em figuras míticas, mas também na vida cotidiana e nas mais diversas

VIDA E MORTE

crenças dos *nahuas*. Os antigos mexicanos descobriam uma forma de morte no parto, assim como encontravam um renascimento no último transe, na aproximação da morte, na velhice, nos anciãos, aos quais atribuíam uma "grande força anímica"[47]. Da mesma forma, em um canto de Nezahualpilli, vemos como os guerreiros alcançavam a "embriaguez da força" ao serem "embriagados pela morte", ao serem "inflamados com o florido licor dos deuses"[48].

Os *nahuas* tentaram manter o mundo vivo através dos sacrifícios humanos. A imolação da vida possibilitava a continuação da própria vida e evitava um cataclismo como os que destruíram sucessivamente a terra em épocas anteriores. Mesmo nesses cataclismos sucessivos, cada fim do mundo permitia a criação de um mundo novo a partir da destruição do mundo anterior.

Sabemos que os *nahuas* esperavam que seu mundo acabasse como os anteriores. Eles estavam, assim, preparados para o próximo cataclismo. No entanto, como bem observou León-Portilla, isso "não só não fez os *nahuas* perderem seu entusiasmo vital, como foi o motivo último que os levou a se superar", tanto culturalmente por meio de seus poemas especulativos, como politicamente através do "misticismo imperialista" que os fez se expandir em busca de sangue humano para seus sacrifícios[49]. O sangue tinha de correr para evitar o fim do mundo, entretanto, se criava e recriava um mundo político e cultural, um império baseado no sacrifício[50].

A morte foi uma fonte de vida, força e poder para o império asteca. Esse império foi feito para não morrer, para que o mundo não morresse, mas também se realizou por meio da morte, das guerras floridas e dos sacrifícios humanos. Foi assim que os *nahuas*, colonizando outros povos e impondo sua hegemonia na região mesoamericana, materializaram historicamente a crença na unidade entre a vida e a morte.

9:
MATERIALISMO E MONISMO

TLALTICPACDYOTL: DA SUPERFÍCIE DA TERRA

Os povos originários mesoamericanos vivem à sua maneira, vivendo ao morrer, através e apesar da morte. Assim sobreviveram a cinco séculos de extermínio sistemático e hoje continuam vivendo como só eles sabem viver. Aceitaram parcialmente a noção de vida que lhes foi imposta ao colonizá-los e evangelizá-los, mas isso não os impediu de perseverar em seu modo de viver e ver sua vida.

A vida humana, tal como é vista e vivida na Mesoamérica, não se libera nunca definitivamente da morte. Não consegue permanecer intacta flutuando no céu por toda a eternidade. Não é celestial nem imortal. Ao contrário, é algo que vai morrendo, algo inextricavelmente unido à morte, algo inseparável da terra na qual tudo se desintegra e se regenera.

Para os povos originários da Mesoamérica, o mundo material é o único onde uma subjetividade existe de forma completa, íntegra e plena. A vida sobre a terra, como observou López Austin, é a "única em que se integram todos os componentes do ser humano", sem que haja "constatação de alguma crença de reintegração total dos elementos do homem em sua existência no além"[1]. Os indígenas mesoamericanos veem a morte, segundo o próprio López Austin, como "a desintegração da complexidade humana"[2]. Essa complexidade só se desdobra no mundo material, onde encontramos, por exemplo, o prazer sexual denominado *tlalticpacdyotl*, ou seja, literalmente, "o da superfície da terra"[3]. O terreno, por excelência, é o sexual[4].

A sexualidade parece resumir a vida no mundo material. É como se essa vida se condensasse na materialidade ofegante e palpitante dos corpos que se debatem no prazer. Esses corpos não são aqui nem desumanizados, nem degradados, nem desprezados como no cristianismo, e sim valorizados como lugares subjetivos para que a vida humana desenvolva sua integridade e complexidade no mundo material.

MATERIALIDADE HUMANA

É na materialidade perceptível do corpo e da terra que o pensamento mesoamericano situa a vida humana. Esse pensamento é "orientado para o visível e o palpável", por isso se atém à vida corporal e terrena, resistindo aos "surtos ideológicos de uma possível reencarnação"[5]. As ideologias religiosas, que sempre reinaram na civilização europeia, resultam incompatíveis com a perspectiva materialista de uma civilização mesoamericana que "se orienta para o mundo" e não "para o sobrenatural"[6]. O sagrado não é excluído, e sim redirecionado para o mundo material[7].

O materialismo é um ingrediente fundamental das concepções mesoamericanas de subjetividade. Essas concepções revelam seu lado materialista já na própria ideia da origem da humanidade. O *Popol Vuh* do povo *maya k'iche'* assimila o ser humano a seu corpo de milho: "do milho amarelo e do milho branco se fez sua carne; de massa de milho se fizeram os braços e as pernas; somente massa de milho entrou na carne de nossos pais"[8]. A massa de milho é aqui uma materialidade tão corporal quanto terrena. É algo da terra que entra na composição do corpo ao qual se assimila o sujeito. A subjetividade é assim reconhecida como algo corporal que é parte do mundo material[9].

É também na materialidade, a de uma massa composta do sangue de Quetzalcóatl e pó de "ossos preciosos" dos ancestrais, que se engendra o ser humano dos *nahuas*[10]. Em uma sugestiva síntese igualmente materialista entre as visões dos povos *nahua* e *k'iche'*, os *mayas cakchiqueles* nos contam em seu *Memorial de Sololá* que o sangue da anta e o da cobra

MATERIALISMO E MONISMO

foram usados para amassar o milho, e que "desta massa se fez a carne do homem"[11]. A humanidade estaria constituída, então, pela materialidade terrena do vegetal e do animal. Haveria continuidade entre os outros seres vivos e o ser humano. Essa continuidade foi confirmada pela biologia evolutiva, mas está em contradição com as convicções mais íntimas de nossa civilização europeia.

UINICIL TE UINICIL TUN: HOMEM DE MADEIRA, HOMEM DE PEDRA

Os sistemas religiosos e filosóficos da Europa, na confluência entre as tradições greco-romana e judaico-cristã, tendem a definir espiritualmente o ser humano por sua diferença essencial em relação à materialidade animal e vegetal. Essa materialidade viva só seria encontrada no corpo humano, que seria justamente por isso o menos humano do humano. A humanidade teria suas bases em algo anímico, espiritual, ideal, mental ou racional, sem qualquer parentesco degradante com o corpo nem com o mundo material em que o corpo está inserido. Tal delírio idealista foi retificado em certos momentos por descobertas materialistas como as de Spinoza[12] ou Marx e Engels[13], Darwin[14] e Freud[15]. No entanto, de maneira imediata, o delírio continuou – pois não podia não continuar – sendo constitutivo da devastadora humanidade cultivada pela civilização europeia. Ao separar-se da terra, o humano da Europa se distingue, enquanto dedica sua existência, consequentemente, a destruir a mesma terra.

Ao contrário dos europeus e dos que deles procedemos no mundo inteiro, os cakchiqueles e outros grupos mesoamericanos mantêm uma relação mais harmoniosa com a terra porque não ignoram que brotam e vivem dela. Eles se reconhecem como corpo e como parte do mundo material. Sabem que a materialidade mineral, vegetal e animal constitui tudo o que são.

O *Memorial de Sololá* nos conta que os seres humanos, depois de criados, "falaram, caminharam, tinham sangue, tinham carne"[16]. A existência material do corpo, de seu movimento e de sua palavra, é o que aqui define o sujeito humano desde o princípio. Sua humanidade é corporeidade, talvez corporeidade com alma, mas corporeidade. É corpo, corpo mais do que alma, e esse corpo é do mundo material. É na materialidade corporal que reside a subjetividade para o pensamento materialista da Mesoamérica[17].

O materialismo resulta patente na representação mesoamericana do ser humano como uma árvore. Já no *Rabinal-Achí*, a morte do homem *k'iche'* é descrita como um ato pelo qual se "corta sua estirpe, seu tronco, debaixo do céu, sobre a terra"[18]. A morte é algo material que acontece no mundo material a um ser tão material como o humano.

Para os *mayas*, o ser humano é *uinicil te uinicil tun,* "homem de madeira, homem de pedra", como a humanidade é definida no *Ritual de los Bacabes*[19]. Essa definição, interpretada por Manuel Alberto Morales Damián, indica "a essência do homem de grão de milho, expressado como planta e como pedra preciosa", mas também a imagem do "homem nascido da mãe terra", que "se constitui da mesma substância que as árvores e as pedras"[20]. A materialidade mineral e vegetal se torna animal e finalmente humana.

HUMANIDADE CORPORAL

A humanidade é essencialmente corporal na perspectiva materialista do pensamento mesoamericano. Essa perspectiva se acentua nas concepções *p'urhépechas* de subjetividade, nas quais o corpo material tem, ademais, um caráter fundamentalmente exterior e relacional, comunitário, que podemos contrastar com a representação ocidental do espiritual isolado na interioridade imaginária do indivíduo. Em vez de se fechar dentro de sua alma, o sujeito aqui é um corpo que se abre materialmente ao mundo e aos demais.

O material é um espaço de abertura para o *p'urhépecha*. Erandi Medina Huerta o compreendeu muito bem e por isso não duvida em afirmar que "o *p'urhépecha* é acima de tudo matéria: um corpo tão aberto que sua forma é a terra e as coisas", configurando-se como individualidade apenas "com o outro, na reciprocidade *tsipe-rajperi*". Isso leva a

MATERIALISMO E MONISMO

mesma autora a sustentar sem hesitação que o *p'urhépecha* "é um ser desalmado se alma significa individualização, o hedonismo de si, a renúncia ao nós, a competição pela autorrealização, a morte da vida comunitária"[21]. O *p'urhépecha* preserva seu mundo e sua comunidade ao se atrever a ser um desalmado. Priva-se da mesquinha alma individual para preservar tudo o mais, tudo que é mundano e comunitário em que radica sua alma, aquilo que permitimos que fosse arrancado pela civilização europeia.

A exterioridade relacional do mundo e da comunidade é o que perdemos quando vemos nossa subjetividade corporal enclausurada no interior anímico de cada indivíduo, na "alma, prisão do corpo", como dizia Michel Foucault[22]. Essa clausura foi abertamente buscada pelos processos de colonização e evangelização que tentaram impor aos povos originários o tipo de sujeito interiorizado e individualizado que, depois, será objetivado pela psicologia[23]. O miserável *homo psychologicus* é aquele a que não se deixa reduzir o indígena mesoamericano. É por isso e muito mais que as concepções mesoamericanas de subjetividade não são exatamente psicologia. São algo mais e melhor.

ITONAL: CORPOREIDADE DA ALMA

O conhecimento psicológico é fundamentalmente dualista porque distingue seu objeto psíquico interno, seja ele espiritual, mental, pessoal, intelectual ou emocional, em relação a tudo o mais, o exterior, o material, o corporal e terreno, o social e cultural. Essa distinção permite fazer abstração do corpo, da comunidade e do universo inteiro ao estudar a alma do indivíduo. O resultado é a "carência de mundo" pela qual se caracterizam as várias correntes psicológicas dominantes no mundo ocidental moderno[24].

Diferentemente do modelo europeu-estadunidense de psicologia sem mundo, as concepções mesoamericanas de subjetividade não se baseiam na divisão dualista fundamental entre o psíquico e tudo o mais. O psiquismo está inextricavelmente unido ao corpo e ao mundo pela mesma razão que o espiritual não pode ser pensado independentemente do corporal. Temos, assim, um materialismo radicalmente monista que foi verificado repetidas vezes em vários grupos mesoamericanos[25].

Por exemplo, entre os *p'urhépechas*, Medina Huerta observa que "não há separação alma-corpo", mas "a unidade anímica do corpo aberto que é a *mintsita*"[26]. De modo análogo, entre muitos *nahuas* da atualidade, *o itonal* é um conceito perfeitamente monista de alma corporal. Em Pahuatlán, esse *itonal* permite que Eliana Acosta Márquez ilustre o que ela descreve como "a corporeidade da alma" entre os *nahuas*, contrastando-a com a visão ocidental caracterizada pela "imaterialidade da alma" e pelo "dualismo entre o corpo e a alma"[27]. Da mesma forma, em Xolotla, um informante explica a Gilberto León Vega que o *itonal* "não pode ser entendido se não for mediante o físico, seja no suor, no calor do corpo, no brilho do olho ou no rosto, em seu semblante, até nas vestimentas, nas roupas que se veste, naquilo que alguém porta ou carrega", já que "o *itonal* não se encontra unicamente no interior, mas vê-se em sua aparência física"[28]. O *itonal*, portanto, também se encontra no exterior físico e não apenas no interior psíquico. Nem sequer é evidente que ambos os espaços estejam sendo separados pelos *nahuas*. Seu pensamento continua sendo o de seus ancestrais, como o pré-hispânico, em que, segundo López Austin, "os estados anímicos eram estados físicos"[29]. A experiência era simultaneamente do corpo e de um psiquismo que não se dissociava do corpo, diferentemente da psicologia.

Em contraste com o dualismo psicológico, o monismo do pensamento mesoamericano concebe o psíquico e o corporal como dois aspectos de uma mesma unidade subjetiva. Tal concepção monista da subjetividade é correlata da concepção também monista da relação entre o sujeito e o mundo, entre as ideias e as coisas, entre o espírito e a matéria. Há aqui o que Jacinto Arias, no universo *tsotsil* e *tseltal*, descreveu como uma "identificação entre o mundo interior do intelecto e o mundo exterior", o que lhe recorda "o modo em que Platão considerava que os conceitos existiam objetivamente como tais no outro mundo (o mundo das ideias) e na realidade ou no mundo visível sempre e quando reflexo do primeiro"[30]. Por trás da aparente semelhança, há uma diferença

MATERIALISMO E MONISMO

abismal entre o idealismo objetivo platônico e o materialismo monista mesoamericano: o primeiro traça uma distinção nítida entre a sombra material e sua verdade ideal original, enquanto o segundo reconhece a continuidade e inclusive a identidade entre a idealidade e a materialidade. É por isso que os indígenas da Mesoamérica estão em condições de representar a corporeidade do anímico onde Platão só podia ver o corpo como uma prisão da alma[31].

Assim como os *tseltales*, *tsotsiles*, *nahuas* e *p'urhépechas*, os *mayas* oferecem uma concepção radicalmente monista do sujeito, de sua alma e de sua relação com o corpo e com o mundo. Nessa concepção, como mostrou Morales Damián, "não existe oposição matéria-espírito como ocorre no pensamento ocidental, de tal modo que o grão de milho é a substância material que constitui o homem e, também, é um grão sagrado cujas qualidades outorgam consciência"[32]. O *maya* é consciente por meio de seu corpo de milho, pensa e sente com ele, com algo material, corporal, que é também, portanto, anímico.

A alma do *maya* radica em seu corpo de milho. Esse grão faz com que o sujeito seja quem é, mas o sujeito também faz com que o grão seja o que é, pois não devemos esquecer que o milho não existe naturalmente e que ele nem sequer pode se reproduzir a si mesmo, tendo sido criado pelos povos mesoamericanos com um trabalho constante de milhares de anos. Como bem disse Bonfil Batalla, o milho é uma "criatura do homem" tanto quanto o sujeito mesoamericano é um "homem de milho"[33]. Os indígenas da Mesoamérica e seu grão de milho vêm se criando um ao outro com respeito, paciência e perseverança, compenetrando-se cada vez mais entre si, em uma intimidade entre a cultura e a natureza que talvez não tenha sido alcançada em nenhuma outra civilização.

SUSTO: PATOLOGIA DUALISTA

A intimidade mesoamericana entre o natural e o cultural, tal como evidenciada no milho, está no fundamento das ideias monistas de almas corporais, indiscerníveis do mundo material, mineral, vegetal e animal. Se essas almas não se distinguem de seus corpos, é pela mesma razão que os povos originários da Mesoamérica não separam sua cultura da natureza, compreendendo que a separação acaba resultando na destruição tanto do natural quanto do cultural, o que é exatamente o que vemos acontecer já há algum tempo na civilização europeia. Tudo isso é patológico para a sensibilidade mesoamericana, para a qual também há adoecimento na separação tipicamente europeia entre o corporal e o anímico.

Não é exagero dizer que a representação dualista da psicologia ocidental corresponde a uma forma de doença na Mesoamérica. Por exemplo, entre os *tsotsiles*, "as doenças são causadas pela separação do espírito de seu corpo"[34]. Essa separação pode assumir diferentes formas para os próprios *tsotsiles*, entre elas o *muktá ch'ulelal*, em que a alma se desprende no sonho e "não quer retornar a seu corpo", e o *komel* infantil e o *xi'el* adulto, em que a "perda da alma" é forçada e acontece por causa do temor ou do sobressalto[35]. De modo análogo, entre os *zapotecos*, o medo faz a pessoa adoecer porque seu espírito fica "prisioneiro em algum lugar"[36]. O espírito escapa do corpo onde a pessoa é assustada.

A doença que decorre ao se assustar constitui um dos males mais conhecidos no contexto mesoamericano. É o chamado "susto" ou "espanto", no qual, segundo a definição de Azzo Ghidinelli, "a pessoa, repentinamente surpreendida por algo, experimenta um choque e sua alma se desprende do corpo"[37]. Depois de perder seu componente anímico, a corporeidade subjetiva apresenta diversos sintomas, como inquietude, irritabilidade, amnésia, inconsciência, cansaço, desânimo, indiferença, depressão, perda de apetite, anemia, dores de cabeça ou de ouvido e até a morte.

O sofrimento do anímico descorporizado, arrancado de *sua* própria existência corporal, é o efeito patológico do susto. A causa toca em algo do mundo e no próprio corpo que não é capaz de reter *sua* alma. O próprio Ghidinelli relata duas experiências de susto de *mayas poqomames* que sofrem "perda da alma" por uma "debilidade do corpo" e por um "agente externo que assusta"[38]. O agente se aproveita do corpo fraco para assustá-lo e assim arrebatar-lhe a alma.

MATERIALISMO E MONISMO

O susto, como observou Miriam Castaldo entre os *nahuas* de Xoyatla, obedece à "desvinculação" do elemento anímico do corpo, à "fragmentação das matérias corporais", pois a alma é também uma matéria, uma "matéria anímica"[39]. Nessa visão materialista e perfeitamente monista, a alma forma parte da materialidade total do corpo que se escinde com o susto, perdendo seu fragmento anímico. O fragmento perdido, tão descorporizado e dessubjetivado quanto o objeto da psicologia ocidental, é tão vulnerável à possessão e à dominação pelos outros quanto talvez também seja o psiquismo na civilização europeia moderna[40].

Resulta significativo que o poder sobre a alma do assustado, entre os *p'urhépechas* estudados por Oscar Muñoz Morán, venha de um diabo que oferece riquezas às suas vítimas e que é representado como um "homem mestiço, normalmente bem vestido, com estética charra[41], roupas pretas elegantes e montando um corcel também preto"[42]. O aspecto não indígena desse demônio lembra os poderosos *lab ak'chamel*, espíritos "doadores de doenças", que Pitarch Ramón encontra entre os *tseltales* de Cancúc: pais, escribas, professores, fazendeiros a cavalo e outras personagens ocidentais, que também se apoderam da alma indígena, separando-a de seu corpo, rompendo sua unidade e, assim, produzindo adoecimento[43]. Tanto entre esses *tseltales* quanto entre os *p'urhépechas*, a separação é provocada por agentes ocidentais, coloniais ou neocoloniais, que de alguma forma alienam o anímico mesoamericano por meio da evangelização, da educação ou de outras formas de aculturação.

A colonização e a europeização dos povos originários mesoamericanos também buscaram uma divisão de sua totalidade corporal-anímica, uma supressão de seu monismo e uma psicologização de suas concepções de subjetividade. Embora esses processos tenham causado doenças e outros danos subjetivos, eles tiveram que enfrentar resistências inflexíveis dos povos indígenas que não lhes permitiram cumprir sua missão. É evidente, como vimos, que não se conseguiu impor na Mesoamérica uma epistemologia dualista como a que subjaz à psicologia ocidental. Mais de quinhentos anos de esforços constantes e sistemáticos não foram suficientes para promover o dualismo, para quebrar o ser humano, dividi-lo em corpo e alma[44].

UAYASBA: O SÍMBOLO COMO DOENÇA

As concepções mesoamericanas de subjetividade continuam sendo monistas ao reconhecer a unidade não apenas entre a alma e o corpo, mas também entre suas respectivas manifestações, entre a inteligência e a sensibilidade ou entre o simbólico e o que simboliza. Em ambos os casos, o corporal sensível ou o material simbolizado é indiscernível das operações intelectuais ou simbólicas do anímico. O intelecto também é sensível, assim como o símbolo existe materialmente no mundo e no corpo.

No que se refere ao simbólico, os povos originários o situam em tudo que existe, seja natural ou cultural, corporal ou anímico, físico ou psíquico. Tudo simboliza ou significa algo mais, mas sem se distinguir. O que é simbolizado continua em seu próprio símbolo que é plenamente material, que existe independentemente do pensamento, que pode viver e matar ou ao menos prejudicar e afetar o corpo. Isso se vê nitidamente no *Ritual de los Bacabes*, em seus conjuros de doenças que se apresentam como "símbolos" (*uayasba*) que devem ser "decifrados"[45]. A decifração não é do sintoma para se conhecer a doença, mas da doença para conhecê-la diretamente, para descobrir suas bases no corpo e no mundo, pois a doença não se distingue aqui de sua manifestação simbólica sintomática, de sua existência material-ideal tal como um símbolo tanto corporal quanto anímico[46].

É o símbolo o que nos adoece. A doença pode ser causada por ares, visões, gestos ou palavras cuja nocividade é fundamentalmente simbólica, mas não por isso menos real e material. O símbolo é uma espécie de agente patogênico, que penetra nos corpos e os adoece, sendo ele mesmo a doença, como pode ser comprovado em um maravilhoso canto xamânico *tseltal* no qual se interpela diretamente a palavra que está atacando o sujeito que a escutou. Nos próprios termos do xamã recolhidos por Pitarch Ramón, a palavra "produz dor, assim germina submergindo-se, assim circula inchando-se, golpeia até provocar o choro, converte a cabeça em um chocalho"[47]. A palavra é tão material quanto a semente dentro do chocalho, como algo que bate, que incha e que circula como

MATERIALISMO E MONISMO

o sangue, mas não é menos espiritual por isso e assim adoece a alma tanto quanto o corpo que não se distingue da alma.

O sujeito adoece com a palavra. Pela mesma razão, também pode ser curado com a palavra, cantando e falando, mas pode falar "com o feijão preto" ou com "a coroa de um abacaxi"[48]. As frutas e as sementes também são símbolos curativos. Os medicamentos e demais tratamentos médicos da Mesoamérica, com efeito, constituem símbolos e têm o que Claude Lévi-Strauss chamou de "eficácia simbólica", não pela "propriedade indutora" do psíquico sobre o orgânico, mas pela indistinção entre um e outro, que *não* são feitos de "materiais diferentes"[49]. É evidente que há uma diferença em sua materialidade quando são julgados pela perspectiva dualista de Lévi-Strauss, mas essa perspectiva não é a dos xamãs indígenas, os quais, coerentes com seu monismo, sabem muito bem descobrir a palavra do feijão e seu efeito curativo, o simbólico do real e o real do simbólico, a alma no corpo e o corpo na alma.

NEYOLNONOTZA: O SENTIPENSAR NAHUA

Além de transcender a distinção entre o símbolo e o simbolizado, o pensamento monista dos povos originários da Mesoamérica também supera a diferenciação entre o intelecto e a sensibilidade. Essa superação já podia ser vislumbrada em várias concepções mesoamericanas de alma nas quais o centro sensível das emoções é também o centro intelectual do pensamento. Muitos indígenas da atualidade continuam sabendo pensar ao sentir com seu órgão anímico emocional-intelectual: é o que fazem os *wixárikas* ou *huicholes* com seu *iyari*, os *nahuas* com seu *yolo*, os *popolucas* com seu *senni*, os *huaves* com seu *omeeats*, os *ch'oles* com seu *cuctal*, os *tojolab'ales* com seu *yatzil* e os *tsotsiles* e *tseltales* com seu *chulel*[50]. Em todos os casos, o sujeito pensa com o que sente, compreende com sua paixão, raciocina com o que lhe comove, conhece e reflete com seu coração, o que nos recorda irresistivelmente o conceito de "sentipensar" do colombiano Orlando Fals Borda[51]. O "sentipensado" significa no contexto mesoamericano que "o *Uk'u'x* ou coração está em tudo", como expressa, a partir da região *maya*, Mariola Elizabeth Vicente Xiloj[52]. Na mesma região, mas em Yucatán e em tempos coloniais, a minuciosa análise de Bourdin sobre o *ool maya* o apresenta como um coração com o qual um sujeito sente, quer, pensa, conhece e sabe: um coração identificado com a pessoa e com funções tanto "cognitivas" como "sensitivas" e "volitivas"[53].

Além de relembrar a significativa localização da compreensão nos centros anímicos associados à sensibilidade, Patrick Johansson faz várias observações que confirmam o monismo sentipensante das concepções *nahuas* pré-hispânicas de subjetividade: a necessidade de "comungar" com o objeto para conhecê-lo; a suposição de que uma mensagem só é compreendida quando ela "comove"; o papel fundamental da sensação na cognição; a existência do mesmo significante *náhuatl mati* para designar o sentir e o saber; e, especialmente, a noção do questionamento reflexivo como *neyolnonotza*, como um "diálogo com o coração", um "diálogo entre o intelecto e a sensibilidade, entre a mente e o coração". Johansson também observa que uma das palavras com que os *nahuas* designam o ato de pensar, *nemilia*, significa originalmente algo como "passar ao ato de existir". Como constata o autor, isso "não tem nada a ver com a prova lógica da existência do ser pensante que buscava Descartes", correspondendo antes à ideia geral de que "a luz da inteligência acompanha o caminhar existencial"[54]. Temos aqui uma ideia certamente distante do cogito cartesiano, mas talvez não do conceito heideggeriano de uma existência que pode chegar a entender e entender-se, a "estar desperta para consigo mesma", e que implica sempre ao menos uma forma elementar de pensamento, uma "interpretação já-feita"[55]. Para o ser humano, existir é também pensar, assim como pensar é *nemilia*, proceder a existir.

O característico do indígena mesoamericano é que, para ele, pensar é também sentir. É se implicar com a sensibilidade na existência, em um existir que é igualmente sentir e não apenas pensar, ou melhor dito, um existir que é pensar de verdade, ao sentir, sem deixar de sentir.

MATERIALISMO E MONISMO

Isso não é algo que acontece espontaneamente e desde o princípio. É, antes, algo que se aprende[56].

Segundo Zavala Olalde, o pensamento com sensibilidade é o que distingue a noção mesoamericana de pessoa como "o ser que atingiu uma fase da vida na qual é capaz de pensar, sentir e, o mais importante, estabelecer um diálogo entre essas duas faculdades"[57]. A *neyolnonotza*, a relação dialogante entre o pensamento e a sensibilidade, é uma conquista existencial e não apenas um componente da existência. Talvez existir seja também sentir e pensar, mas então não se existe desde o primeiro instante, antes é algo que se aprende, algo ao que se chega.

O monismo do sentipensar, do corpo anímico, é uma aspiração fundamental da civilização mesoamericana. Corresponde nos astecas ao que Fernando Díaz Infante descreveu como a tarefa educativa "quetzalcoátlica" da "matéria que se empluma, que se embeleza, que adota asas para ascender ao espiritual", para "elevar sua terrenalidade ao cosmos"[58]. Vale insistir que o elevado, a serpente emplumada[59], não deixa de ser serpente. Aqui, o espiritual não deixa de ser material, mas é algo mais que supera a separação entre o espírito e a matéria. É algo unitário, sintético, que só pode ser alcançado quando se amadurece, se aperfeiçoa, se educa, mas que se perde com as doenças, com certas paixões e com outras afecções que nos escindem e assim estabelecem a dualidade[60].

O dualismo, tal como é visto no pensamento mesoamericano, tem um caráter não apenas patológico, mas pueril, imaturo. Há imaturidade nas visões dualistas. Sobretudo em suas expressões unilaterais, como a espiritualista da tradição judaico-cristã em que se rebaixa sistematicamente a materialidade corporal e terrena. Esse rebaixamento do material, como veremos agora, é correlato a uma degradação do feminino que resulta igualmente problemática em uma perspectiva mesoamericana.

10:
DIALÉTICA E COMPLEXIDADE

TLALTECUHTLI E KUERÁJPERI: FEMINILIDADE NA ORIGEM

O deus judaico-cristão é do sexo masculino. Um homem cria tudo. Ao criar a humanidade, ele começa criando outro homem.

A masculinidade estava no início de tudo para os evangelizadores europeus que chegaram à Mesoamérica no século XVI. Ao contrário, nas religiões dos povos mesoamericanos com quem se encontraram, a origem costumava ser tanto masculina quanto feminina. Os dois gêneros tendiam a ser equilibrados, mas, quando um tinha primazia, geralmente era o feminino.

A deusa mãe é venerada desde as primeiras culturas mesoamericanas. Vemos a deusa mãe aparecer aí como "númen procriador das criaturas e dos mantimentos terrestres"[1]. Tudo o que existe, desde as águas e as montanhas até os animais e os humanos, brota das entranhas da terra divinizada em entidades femininas, como a Deusa da Caverna de Teotihuacán ou a divindade *p'urhépecha* Kuerájperi, a "mãe de todos os deuses"[2].

A deusa mulher Tlaltecuhtli estava no centro de um dos principais mitos cosmogônicos dos povos *nahuas*. Para esses povos, Tlaltecuhtli era a personificação da origem de toda materialidade. Primeiro, os deuses irmãos Quetzalcóatl e Tezcatlipoca dividiram Tlaltecuhtli em duas metades e, com uma, fizeram o céu, com a outra, a terra. Logo, "para compensar tal deusa pelos danos que esses dois deuses lhe haviam feito", os outros deuses "ordenaram que dela saísse todo fruto necessário à vida do homem", e "fizeram de seus cabelos árvores e flores e relvas; de sua pele a grama muito pequena e florezinhas; dos olhos, poços e fontes e pequenas cavernas; da boca, rios e cavernas grandes; do nariz, vales e montanhas"[3].

Para os povos *nahuas*, o corpo feminino de Tlaltecuhtli é a terra e tudo que há nela. Ela é a mãe terra personificada, subjetivada e divinizada, honrada, venerada e adorada como uma deusa. Essa divindade materna e terrena subsiste de uma forma ou de outra na maior parte dos povos mesoamericanos do interior. Em um povo costeiro como o *huave*, seu lugar é ocupado por uma mãe marítima, Mijmeor Cang[4]. Temos aqui belas demonstrações do respeito que os povos originários da Mesoamérica professaram para com a natureza concebida como algo subjetivo e divino, mas também para com a feminilidade reconhecida e afirmada como originária, fundamental e imprescindível[5].

OMETÉOTL, JME'JTATIK, NZÁKI: **FIGURAS DE COMPLEMENTARIDADE**

É verdade que na origem da terra não existe apenas a divindade feminina Tlaltecuhtli, mas também os deuses masculinos Quetzalcóatl e Tezcatlipoca. Mas isso ocorre porque os povos originários mesoamericanos sempre buscaram a complementaridade masculinidade-feminilidade. Encontramos complementaridade no próprio nome do deus padroeiro da humanidade, Quetzalcóatl, que se forma como síntese de *quetzal* e *cóatl*, pássaro e serpente, homem e mulher, em uma união de sexos que opera como "símbolo de sabedoria", segundo Margarita Palacios de Sámano[6].

A complementaridade encontra-se não apenas na origem da terra e da humanidade, mas também na própria origem dos deuses, em seus progenitores, na mãe e no pai dos irmãos Quetzalcóatl e Tezcatlipoca. A mãe Tonacacíhuatl e o pai Tonacatecuhtli significam literalmente "senhora e senhor de nossa carne", e se resumem em uma única divindade tão masculina quanto feminina, o deus-deusa Ometéotl, "mãe e pai dos deuses". Este deus-deusa, a única divindade que "se sustenta por si mesma", se "desdobra imediatamente" nos demais deuses[7].

As divindades *nahuas*, sejam masculinas ou femininas, constituem desdobramentos do deus-deusa Ometéotl, simultaneamente pai e mãe, "princípio dual" no qual "se gera e se concebe tudo quanto existe no universo", como demonstrou Miguel León-Portilla[8]. Tudo provém de

DIALÉTICA E COMPLEXIDADE

um princípio dual feminino e masculino, e não apenas masculino, como na tradição judaico-cristã. Então, na origem da humanidade, a criação da mulher não deriva da do homem como no judaísmo e no cristianismo, mas os deuses criam ao mesmo tempo "um homem e uma mulher": a primeira mulher "Uxumuco" ou "Oxomoco"[9] e o primeiro homem "Cipactónal".

Assim como os antigos *nahuas*, os atuais povos mesoamericanos continuam vendo figuras femininas e não apenas masculinas entre seus ancestrais, os quais, em geral, possuem um duplo caráter divino e humano. São os *jme'jtatik*, "nossas mães e nossos pais" dos *tseltales*[10]. São também "nossas mães e nossos pais" dos *tojolab'ales*, que sempre mencionam as mães em primeiro lugar[11].

Assim como os ancestrais são sempre masculinos e femininos, os dois sexos continuam a se encontrar nos espíritos e em outros seres análogos, como no casal formado pelo grande Kong dos *mixes*, o guerreiro que luta contra os espanhóis, e sua irmã serpente, a mulher Tajëëw, a Mãe Terra que faz viver, que "guia na vida", que atua como mensageira e que "abre caminhos"[12]. Às vezes, os seres espirituais são simultaneamente masculinos e femininos, como Ometéotl nos tempos pré-hispânicos. É o caso dos *nzáki* dos *otomíes*, as entidades que em espanhol são chamadas "potencias" ou "antiguas" e que "se desdobram em uma representação de aspecto feminino e outra de aspecto masculino"[13]. A feminilidade e a masculinidade se apresentam invariavelmente juntas, não deixam de coexistir, se equilibram sempre, como se uma não pudesse ser concebida sem a outra ou em detrimento da outra.

EQUILÍBRIO E RELAÇÕES DE GÊNERO

Além de reger as relações entre antigos deuses, antepassados e seres espirituais, o equilíbrio entre a masculinidade e a feminilidade é fundamental nas gerações atuais dos povos originários da Mesoamérica. Bonfil Batalla observou que nas comunidades indígenas de regiões em que se conserva "um maior domínio de cultura própria, a mulher participa mais ativamente e em pé de igualdade com os homens, não apenas nos assuntos domésticos, mas também nas decisões que afetam a comunidade"[14]. No mesmo sentido, ao referir-se às relações de gênero no contexto mesoamericano, Eric Wolf observou que no matrimônio "os cônjuges gozam de uma igualdade quase total", e que "os indígenas não tentam realizar conquistas para sublinhar sua virilidade, já que esse gênero de conquista não acrescenta nenhum brilho à reputação de um indivíduo"[15]. O indígena homem tende a se relacionar de forma tão igualitária com as mulheres como com outros homens e com os demais seres[16].

O princípio mesoamericano de horizontalidade abarca também as relações entre homens e mulheres. Isso não significa, obviamente, que não haja desigualdade de gênero nos povos originários. Evidente que há, mas temos o direito de supor, ao menos, que também existe um legado pré-hispânico de equilíbrio entre os sexos, um legado que é também o reconhecimento de uma esfera de poderes e saberes propriamente feminina, como evidenciado, entre os *nahuas*, quando as mães exortavam as filhas a indicar a seus maridos "como viveriam na terra"[17], ou quando as boas avós eram definidas como aquelas que "doutrinavam" os netos e lhes ensinavam "como deveriam viver"[18]. A sabedoria das mulheres, enfocada significativamente na vida em si, lhes dava autoridade para guiar as existências dos homens e das gerações futuras.

A feminilidade mesoamericana está perdendo cada vez mais terreno desde o século XVI até o presente. Ainda hoje continua a colonização que submete as mulheres indígenas, inclusive nos contextos mais bem preservados contra a influência externa, como nas comunidades *lakandonas*, onde Marie-Odile Marion registrou um "processo de desvalorização do papel e do status feminino"[19]. Assim o valioso legado pré-hispânico foi se perdendo, o que não significa que não possa mais ser reivindicado[20].

De qualquer forma, por mais que se desequilibrem no plano das relações intersubjetivas, o feminino e o masculino mantêm certo equilíbrio nas antigas e atuais concepções mesoamericanas dos seres humanos, espirituais e divinos, mas também de todos os demais seres, todos catalogados

DIALÉTICA E COMPLEXIDADE

pela relação e proporção entre dois princípios: um masculino, seco, luminoso e quente, e outro feminino, úmido, escuro e frio. Esses dois princípios complementares permitem definir tudo o que existe de um modo que "pode parecer obsessivo", como bem apontou Alfredo López Austin[21]. O próprio López Austin mostrou como a complementaridade entre o polo masculino e o polo feminino é a que existe, para os diversos povos mesoamericanos, entre o sol e a lua, entre o fogo e a água, entre a pimenta e o tomate, entre a glória e a sexualidade, entre a força e a debilidade, entre a pobreza e a riqueza, entre a vida e a morte.

Na relação entre os dois princípios complementares, o "equilíbrio" assegura a saúde, ao passo que o "desequilíbrio" produz a doença[22]. É por isso que a medicina mesoamericana tenta curar doenças físicas, mentais e comunitárias, restaurando o equilíbrio entre o frio e o quente, entre o úmido e o seco, entre o feminino e o masculino. A masculinidade não pode prevalecer sobre a feminilidade como acontece, por exemplo, no androcentrismo extremo da tradição cultural judaico-cristã europeia. Esse desequilíbrio é patológico e deve ser corrigido para alcançar o ideal mesoamericano de saúde.

QOTITI: CONTRADIÇÃO EM TUDO QUE EXISTE

O conceito mesoamericano de saúde é o de um equilíbrio entre os vetores opostos que se conjugam na subjetividade, como o seco e o úmido, o quente e o frio, o vivo e o morto, o diurno e o noturno, o masculino e o feminino. Como explicou López Austin , o ser humano da Mesoamérica "tinha que manter o equilíbrio para se desenvolver no mundo de tal forma que sua existência e a de seus semelhantes não fossem prejudicadas"[23]. O desequilíbrio fere, danifica, adoece, desintegra e destrói, e é por isso que deve ser corrigido.

Mesmo que o equilíbrio se restabeleça, porém, os vetores que se equilibram não deixam de se opor. Não é possível, por exemplo, superar a oposição entre o feminino e o masculino. A tensão e a contradição entre os dois vetores são permanentes.

A força masculina pode triunfar impulsivamente sobre a feminina, mas o faz à custa de si mesma, debilitando-se e exaurindo-se com seu triunfo, o que permite que o vetor feminino se imponha ao masculino. É como se a força da feminilidade fosse o repouso, o equilíbrio em si, que se rompe sob o efeito da masculinidade para depois se restabelecer com o renovado triunfo do feminino. López Austin vê aqui uma "perpétua querela" pela qual se explica tanto o "dinamismo universal" como os ciclos regulares da noite e do dia, as estações chuvosas e secas, "a morte e a vida"[24]. Tudo é movido e regulado pela tensão, pela oposição, pelo conflito, pela dialética.

O pensamento mesoamericano é profundamente dialético. Sua visão do que existe é a de seres que não deixam de se contrapor e lutar entre si. O conflito incessante foi ilustrado por León-Portilla com o mito dos filhos de Ometéotl, os irmãos Tezcatlipoca e Quetzalcóatl, que aparecem como "forças em tensão", que "levam consigo o germe da luta", que "combatem e eliminam uns aos outros e reaparecem novamente no campo de batalha do universo"[25].

Todo o universo, a natureza e a vida humana, é campo de batalha no qual lutam as forças personificadas por Tezcatlipoca e Quetzalcóatl. Essas forças, tal qual a masculinidade e a feminilidade ou outros vetores opostos, operam em todos os seres objetivos e subjetivos, dissociando-os e despedaçando-os interiormente. Nada é exclusivamente o que é, porque também é o contrário.

Na dialética mesoamericana, a morte habita a vida assim como o feminino se enlaça inextricavelmente com o masculino. Os opostos não deixam de se enlaçar e se entrelaçar em sua luta. Uma figura mítica em que essa ideia é metaforizada, segundo López Austin, é a de Malinalli, formada por "duas cordas que giram em espiral", uma de água e outra de fogo[26]. Os opostos se travam um no outro, seja dinamicamente, como amantes, ou como inimigos em combate, ou como fases sucessivas das estações, ou do dia e da noite, ou estaticamente, com equilíbrios precários, ou com entidades mistas como Ometéotl com seu duplo gênero masculino e feminino.

DIALÉTICA E COMPLEXIDADE

A dialética também opera em vários dos aspectos que os indígenas mesoamericanos atribuem à subjetividade. Como vimos, o sujeito é uno e variável, um só e múltiplo. Seu interior mais íntimo é o mais externo. Embora seja um indivíduo, corresponde a uma expressão comunitária. Está vivo, mas habitado pela morte que lhe dá a vida. Tem apenas um sexo, mas sua saúde está no equilíbrio entre o feminino e o masculino. A contradição é assumida no pensamento mesoamericano. Esse pensamento dialético é o que permitiu aos povos originários adotar o alheio, o europeu, sem renunciar ao que lhes é próprio. O indígena sabe como ser europeu sem sê-lo, sabe até ser mestiço de um modo que preserva o indígena, mantendo a tensão e a oposição entre o próprio e o alheio, mas também apropriando-se do alheio e complicando-o com a dialética mesoamericana. É o que fazem os *totonacos* na representação de seu demônio *Qotiti*, no qual se condensam o diabo europeu e as divindades mesoamericanas das entranhas da terra, dando lugar a um ser que "pode ser mal e nocivo, trapaceiro e travesso, metamórfico e embusteiro", mas também "uma presença necessária, organizadora de um mundo infraterrestre onde uma nova vida se gesta"[27]. É a mesma dialética evidenciada pelos *mazahuas* em seus oratórios, em que certas imagens cristãs representam simultaneamente o que representam e o contrário do que representam, o europeu e o mesoamericano, o divino e o demoníaco, "o bem e o mal ao mesmo tempo"[28]. Ao confrontar a simplista visão maniqueísta do cristianismo que cinde tudo entre o bem e o mal, os *mazahuas* e os *totonacos* retificam o simplismo ao reconciliar e reunir os opostos nas mesmas entidades europeias que se reconfiguram e reaparecem como entes mestiços, híbridos, contraditórios, também pagãos e mesoamericanos[29].

As contradições que acabamos de mencionar, condensando o drama histórico dos povos originários, dividem internamente as mais diversas configurações psíquicas e culturais mesoamericanas, as quais, por seu caráter contraditório, só podem ser pensadas dialeticamente. A dialética é aqui a única forma possível de pensamento. Pensar de outra forma, tentando resolver as contradições, seria o mesmo que não pensar.

O pensamento dialético mesoamericano é um meio para conhecer a realidade contraditória sem pretender harmonizá-la ou reconciliá-la definitivamente com ela mesma. Essa reconciliação definitiva é descartada pelos povos originários da Mesoamérica. Para eles, como vimos, os vetores contraditórios podem se equilibrar, mas não superar suas contradições ou resolvê-las em uma síntese superior.

A dialética dos povos originários mesoamericanos lembra a dialética negativa de Theodor Adorno[30] na tradição europeia. Descreve um movimento contraditório sem resolução ou síntese positiva, sem unidade ou equilíbrio definitivo. É uma dialética de contradições insuperáveis e insolúveis.

Não há superação ou resolução das contradições por uma razão muito simples: porque são constitutivas da realidade. Essa realidade é essencialmente contraditória em sua totalidade complexa. É desse modo que o pensamento mesoamericano a conhece e que, diferentemente do europeu, não tende a simplificar, mutilar ou fragmentar o conhecido.

JBEJUTIK TE': CONTRA A ESPECIALIZAÇÃO

A totalidade complexa da realidade é aceita e assumida pelo pensamento mesoamericano. Esse pensamento não fraciona a totalidade real para facilitar seu estudo. Os indígenas da Mesoamérica não cedem à tentação da facilidade que tem sido tão benéfica para o desenvolvimento da ciência e da tecnologia no mundo europeu.

León-Portilla já observava que, "diferentemente das formas assumidas pelos processos cognitivos daqueles que vivem no contexto do mundo ocidental, os *nahuas* não parcelavam seu saber em compartimentos diferentes"[31]. Esse parcelamento era e ainda é evitado porque trai a verdade inerente da realidade total. Como bem apontou Johansson, os indígenas mesoamericanos compreendem que "a verdade é algo sutil, difuso, que corresponde à totalidade do ser e não sofre fragmentação"[32]. Fragmentar a verdade é despedaçá-la, destruí-la, perdê-la.

DIALÉTICA E COMPLEXIDADE

Para o pensamento mesoamericano, a especialização falsifica o conhecimento e só pode produzir visões unilaterais, parciais e simplistas. Essas visões, que perdem de vista a complexa totalidade da realidade, são as que predominam no pensamento europeu. São as visões da física, da biologia, da medicina, da antropologia, da sociologia, da etnologia, da psicologia e de todas as outras ciências especializadas que se ocupam apenas de um setor da totalidade complexa.

A rejeição europeia de uma visão total como a mesoamericana permite um enorme avanço nos conhecimentos específicos e suas aplicações tecnológicas, mas esses conhecimentos e suas aplicações têm sempre um lado incompleto, simplista, falso, alheio à verdade da totalidade complexa, o que explica em parte seus efeitos devastadores para o mundo e para a humanidade. O todo não importa porque cada cientista só se preocupa com a parte insignificante com a qual se ocupa. O que existe para a ciência é apenas a parte, mas não o todo.

A visão de totalidade se perde para os especialistas ocidentais. Por outro lado, como nos alerta Bonfil Batalla, o indígena mesoamericano "tem que saber o suficiente sobre muitas coisas e desenvolver suas diferentes capacidades para múltiplas tarefas"[33]. Isso o torna alguém talvez mais qualificado para a psicologia que o psicólogo profissional que desconhece quase tudo sobre o mundo que se condensa no sujeito do qual se ocupa[34].

O profissional psicólogo só está capacitado para possuir um acúmulo de conhecimento estritamente psicológico. Isso levanta a questão de se é possível que se saiba algo sobre psicologia quando se ignora quase tudo sobre o corpo, a alimentação, a comunidade, os animais ou as diversas plantas. A resposta do indígena mesoamericano seria negativa. Ele sabe que a observação cuidadosa de uma árvore nos ensina muito sobre a subjetividade humana; muito que não pode ser aprendido de outra forma, o que, obviamente, resulta absurdo sob o critério ocidental de especialização, que prescreve que nos concentremos no ponto de nosso interesse, e que abstraiamos todo o restante, como se o restante não definisse o ponto, como se o ponto pudesse ser algo sem o restante e fosse apenas aquilo que é.

129

Para nós, ocidentais, os seres humanos são exclusivamente o que são, como são e em contraste com todo o restante que não são. Ao contrário, para os *tsotsiles*, como diz uma fórmula cerimonial, *jbejutik te'*, "somos como árvores", mas também "somos como trepadeiras, somos como o capim", e é por isso que "a compreensão da vida humana está profundamente influenciada pela maneira como se interpreta a vida das plantas"[35]. O mundo é aqui um meio de conhecer e compreender a si mesmo. Há algo do sujeito que não se revela imediatamente a si mesmo, mas apenas de modo mediato, pela mediação de tudo que o cerca. É principalmente por isso que a visão total é importante e que sua ausência é tão empobrecedora para o pensamento moderno especializado.

A rejeição de uma visão total como a dos povos indígenas da Mesoamérica nos condena a escolher entre uma ou outra visão unilateral, entre uma ciência e outra, entre uma profissão e outra. É pela mesma razão que escolhemos entre uma fé religiosa e outra, entre politeísmo e monoteísmo, entre o catolicismo e o protestantismo, entre o humanismo e o cientificismo racionalista moderno ou o animismo esotérico pós-moderno. Ao contrário dessas visões unilaterais, os povos originários da Mesoamérica optaram pelo sincretismo. Eles adotaram o cristianismo, combinaram-no com suas próprias crenças e sempre foram tão animistas quanto politeístas, monoteístas, humanistas e tudo mais[36].

É como se todas as visões unilaterais do pensamento europeu se integrassem e transcendessem na visão mesoamericana da totalidade complexa. Essa visão também é encontrada nas concepções mesoamericanas de subjetividade, preservando-as contra o reducionismo psicológico. A alma é também sempre o corpo e o mundo. O físico e o psíquico não se dissociam para simplificar a realidade total e complexa. Essa realidade se conhece como tal.

É evidente que o pensamento mesoamericano distingue aspectos da totalidade, mas evita fragmentar a totalidade e concentrar-se em alguns aspectos, desconectando-os dos demais. Também evita enfatizar ou preferir alguns aspectos à custa de outros. Daí que leve tão a sério o sonho quanto a vigília. É o que notou Holland na zona *tsotsil*, onde "os acontecimentos noturnos são tão reais e válidos quanto o conhecimento

DIALÉTICA E COMPLEXIDADE

adquirido conscientemente"[37]. É a mesma coisa que observou Lourdes Pacheco Ladrón de Guevara em seu encontro com uma rezadora *huichol*, para quem sonhar é também uma "maneira de saber", já que há "continuidade" entre a vigília e o sonho[38]. Se os indígenas da Mesoamérica dão assim o mesmo crédito às experiências diurnas quanto às oníricas, é porque são conscientes de que ambas formam parte da mesma vida que eles aspiram conhecer em sua realidade material total e complexa[39].

Pode até acontecer que os indígenas mesoamericanos atribuam maior valor cognitivo ao sonho do que à vigília, pois como diz um *h-men*, um xamã *maya yucateco*, "quando estamos acordados temos como um espelho de cristal nos olhos", mas "quando dormimos, esse espelho é retirado e podemos olhar através dos objetos"[40]. A vida onírica nos permite assim descobrir o que há por detrás do espelho da consciência em que não paramos de nos refletir ao imaginar que percebemos o mundo. Além de seu aspecto especular imaginário solipsista ou narcisista, o conhecimento diurno é incompleto, superficial e peca pela parcialidade e unilateralidade, razão pela qual precisa completar-se, aprofundar-se e obter uma visão global por meio do conhecimento noturno.

O mesmo afã de conhecimento não parcial ou unilateral é o que faz que a concepção mesoamericana daquilo que talvez possamos nomear de psiquismo seja a de uma multiplicidade de almas completamente diferentes coexistindo em cada sujeito, ao invés de ser a concepção de um único tipo de alma, como acontece em cada uma das diferentes correntes da filosofia ou da psicologia ocidental. Em vez de reduzir o sujeito a seu aspecto comportamental, cognitivo, afetivo, identitário individual ou coletivo, os indígenas da Mesoamérica admitem múltiplos tipos de almas em cada subjetividade. Os *nahuas*, por exemplo, reconhecem a *tonalli*, individualizante, mas também a *ihíyotl*, impulsiva e generativa, e também a *teyolía*, cósmica e comunitária que liga internamente cada sujeito a tudo que existe[41]. É necessário perguntar, inclusive, com Martínez González, se na realidade "não se trata de diferentes entidades anímicas, mas de diferentes aspectos de uma alma complexa e dinâmica em que as partes podem comportar diversas qualidades do todo"[42].

131

Talvez nosso pensamento de raízes europeias, acostumado a fragmentar tudo para simplificá-lo, veja diferentes almas na subjetividade mesoamericana quando na realidade há apenas um psiquismo cuja totalidade multifacetada e contraditória é difícil de pensar para nós com nossas pobres categorias psicológicas. O certo é que nossa psicologia é demasiadamente simplista e reducionista para a forma complexa e dialética com que a subjetividade mesoamericana se concebe. Essa subjetividade transcende e transborda tudo o que nós, ingênuos psicólogos, pensamos sobre ela, mas não tudo que ela pensou e continua pensando sobre si mesma, o que, pelo mesmo motivo, não pode nem mesmo ser concebido por meio de nossa perspectiva psicológica.

A autoconsciência dos povos indígenas da Mesoamérica resulta insondável e inabarcável para psicologias ocidentais como a behaviorista, cognitivista, psicanalítica, humanista ou qualquer outra. Cada corrente psicológica só pode estudar um ínfimo aspecto de algumas das entidades anímicas distinguidas pelas concepções mesoamericanas de subjetividade. Fica evidente, então, que essas concepções têm maior potencial descritivo e explicativo do que a psicologia, pelo menos para estudar o indígena da Mesoamérica, que soube resistir aos processos coloniais de aniquilação cultural e contração da subjetividade, que não se converteu em algo tão tosco e rudimentar quanto o objeto da psicologia.

DÚVIDA UNIVERSAL: NÉVOA SOBRE OS OLHOS

Os povos originários da Mesoamérica não são obstinados em objetivar ou simplificar, banalizar e esquematizar a esfera subjetiva. Reconhecem-na em toda a sua complexidade. Isso não apenas faz com que a representem de modo igualmente complexo, mas também os faz demonstrar-se humildes, tímidos, inseguros e titubeantes sobre o que sabem sobre ela.

O indígena mesoamericano está habitado pela dúvida, sabe duvidar, se atreve a duvidar. Isso também o distingue do europeu, que tem

DIALÉTICA E COMPLEXIDADE

certeza do que supõe sobre a existência humana.

O cristão tem certeza da imortalidade de sua alma, assim como o cientista ateu tem certeza do contrário. Ambos têm certeza de que têm razão. Ao contrário, o indígena mesoamericano está na incerteza. Não pretende responder, apenas admite honestamente que só pode manifestar suas dúvidas.

Recordemos as dúvidas expressas pelos grandes poetas *nahuas* da época pré-hispânica. Um deles se pergunta se "lá para onde vamos quando morremos ainda vivemos mesmo", se é "ainda lugar de vida"[43]. Nezahualcóyotl insiste: "ainda de verdade há vida lá?"[44]. Ayocuan Cuetzpaltzin pode conceber que "de algum modo se vive" após a morte, mas ainda tem muitas outras dúvidas: se lá também é uma região do "momento fugaz", se "lá alguém se alegra", se "lá há amizade", se "só aqui na terra conheceremos nossos rostos"[45]. Os outros sábios *nahuas* têm outras dúvidas: Macuilxochitzin indaga se é possível ser poeta "só aqui" e não "onde de algum modo se existe"[46], Axayácatl quer saber se "por acaso alguém retorna" da "região dos desencarnados"[47], Cacamatzin pergunta se "voltará a sair sobre a terra"[48]. Os sábios mesoamericanos expressam assim humildemente suas dúvidas enquanto os evangelistas espanhóis e outros europeus impõem suas respostas imaginárias com arrogância, intolerância e violência.

Diferentemente de teólogos e cientistas da Europa, os sábios da Mesoamérica perguntam e nenhum deles pretende ter a resposta. Só Chichicuepon de Chalco responde, mas é apenas para dizer que quando morremos afundamos nas "águas do mistério"[49]. O enigma é a resposta. Responde-se sem responder, apenas admitindo a própria ignorância, evocando o mistério do qual provêm as perguntas[50].

As dúvidas dos sábios da Mesoamérica, de fato, não só se referem à morte, mas à vida mesma e a tudo que há nela. Um poeta pré-hispânico se pergunta se "por acaso em vão viemos brotar na terra"[51]. Nezahualcóyotl vai ainda mais longe e se pergunta se "por acaso se vive de verdade na terra"[52]. Se não temos certeza de que estamos verdadeiramente vivos antes da morte, como podemos ter certeza de que vamos viver depois de morrer?

Os sábios *nahuas* sabem que não têm certeza nem sobre a morte nem sobre qualquer outra coisa. É assim que eles chegam, segundo a expressão de León-Portilla, até "a beira da dúvida universal"[53]. Essa dúvida faz parte do próprio saber. Graças a tudo que sabem, sabem também que seu saber é duvidoso, incerto[54].

Os sábios *nahuas* conhecem a estreiteza de seu próprio saber. Os *mayas* explicam essa estreiteza por meio de um belo mito contido no *Popol Vuh*. No princípio, os seres humanos sabiam tudo, o que não parecia certo para os deuses, que lhes colocou "uma névoa sobre os olhos, que turvaram como quando se sopra o cristal de um espelho", de tal modo que "se velaram e só puderam ver o que estava perto"[55]. Desde então, os seres humanos ignoram e duvidam de seu curto saber.

ALÉM DA CONCLUSÃO

O DESNUDADO, APAGADO E APEDREJADO, ESCURO E RECÔNDITO

Este livro não é apenas mais um livro sobre psicologia. Não é mais um daqueles para que o mesoamericano "se sinta apagado", se vista com uma roupagem para "se sentir desnudo", leia uma linguagem para "ser apedrejado", como diria o poeta *totonaco* Manuel Espinosa Sainos[1]. A poesia é um meio insuperável para sair do silêncio e reapropriar-se da palavra, mas é também possível realizar prosaicamente essa reapropriação nos diversos campos do saber que se encontram colonizados, ocupados por falsos universais que só servem para apagar o diferente, para vesti-lo sem vesti-lo, apedrejá-lo ao manifestá-lo. É o caso da psicologia.

Mesmo o melhor saber psicológico, o menos universalista e o mais respeitoso da diferença, não deixa de fazer parte do que Villoro descreveu como um "movimento reflexivo de raízes ocidentais" constitutivamente incapaz de captar o indígena. O mesoamericano permanece aqui "escuro e recôndito nas profundezas do eu mestiço", já que "nunca diz sua própria palavra", pois a partir do momento em que tenta dizer algo, "tem de fazê-lo por meio da reflexão e, portanto, por meio dos conceitos, temas e palavras que vêm do Ocidente"[2]. Villoro entendeu bem que a única maneira de superar esse atoleiro é nos aproximarmos do indígena com um duplo impulso amoroso e militante radical de inspiração marxista. É com esse duplo impulso, como já anunciei na introdução, que me incursionei em diversos terrenos nos quais poderia encontrar algo sobre as concepções mesoamericanas de subjetividade.

Encontrei mais do que esperava. Tudo foi inesperado e surpreendente, mas também me pareceu estranhamente familiar, como se de alguma forma eu sempre soubesse. O certo é que o que encontrei não tem absolutamente nada a ver com psicologia.

DIFERENÇA ABSOLUTA E UNIVERSALIDADE ESQUECIDA

Reiteramos que o exposto aqui não tem lugar na psicologia hegemônica estudada nas universidades mexicanas, centro-americanas e do restante do mundo. O conhecimento psicológico europeu e estadunidense, embora pretensamente universal, não serve para conhecer a subjetividade na Mesoamérica. Essa subjetividade não poderia ser psicologizada sem ser neutralizada por diferentes razões que já conhecemos: porque se trata de algo inobjetificável, algo que não pode ser objeto de uma determinada ciência, algo inseparável de tudo o mais, algo irredutível à individualidade e à sua interioridade etc.

Há uma razão básica pela qual devemos ir além da psicologia, até mesmo além da chamada "psicologia indígena", para não mal interpretar as concepções mesoamericanas de subjetividade. Essa razão foi bem formulada por Vasco de Quiroga em seu tempo, há quase quinhentos anos, quando escreveu sobre os indígenas mesoamericanos: "não se pode nem se deve representar, nem imaginar, nem entender suas coisas e pessoas pelas leis ou imagens das nossas, pois nenhuma concórdia ou conveniência, nem paz, conformidade ou concordância podem ter ou terão com elas"[3]. Em outras palavras, há, entre o indígena e o invasor, entre o que continua resistindo e aquilo que continua espreitando, uma diferença absoluta que nos impede de conceber o primeiro por meio das categorias do segundo.

Um religioso do século XVI já percebia com bastante clareza o que nossos psicólogos atuais sistematicamente ignoram quando recorrem a seu arsenal teórico psicológico para estudar, compreender e tratar os indígenas mesoamericanos e tudo que subsiste deles nos demais habitantes do México e da América Central. É evidente que o arsenal da psicologia nos permite reconhecer e abordar algo de universal da subjetividade na Mesoamérica, mas nela também há particularidades culturais inabordáveis e até irreconhecíveis, bem como uma universalidade que não somos mais capazes de abordar e que mal conseguimos reconhecer, visto que é algo que fomos perdendo, algo que nos foi despojado, algo

ALÉM DA CONCLUSÃO

que é objeto de repressão na modernidade capitalista. Essa universalidade, que às vezes recuperamos em parte com o retorno marxista e freudiano do recalcado, envolve expressões autoconscientes como as que revisamos aqui, contribuindo assim para refutar o dogma da invenção europeia da autoconsciência universal: aquele que fez Hegel imaginar que o espírito era europeu, que a América era "tão impotente física quanto espiritualmente", que o indígena americano era "cultura natural que pereceria tão logo o espírito se aproximasse dela"[4].

Desnecessário dizer, nos termos de Hegel, que o espírito é também originário das terras americanas, que não pereceu nas comunidades indígenas e que talvez esteja mais vivo, menos esquecido do que em um mundo europeizado e, em decorrência, gravemente desespiritualizado pelo capitalismo. Talvez este livro nos ajude a recordar, recordar aos ocidentais, pelo mesmo gesto pelo qual nos rendemos à evidência, que os povos originários da Mesoamérica engendram formas de subjetividade e representação do subjetivo inassimiláveis para a psicologia ocidental universalizada. Essa psicologia, com efeito, só pode mal interpretar aqueles aspectos subjetivos que aqui revisamos e que agora convém recapitular brevemente.

RECAPITULANDO

A subjetividade, como foi e continua sendo concebida pelos povos originários da Mesoamérica, se caracteriza por vários aspectos. Em primeiro lugar, se trata de uma subjetividade variável, mutável ao longo de sua existência, que não está fatalmente fixada em uma identidade estática. É também uma subjetividade múltipla, muitas e não apenas uma, não devendo ser a mesma, idêntica a si mesma, em todas as suas manifestações. Além disso, no mais íntimo de si, está constituída pelo exterior, pela comunidade e pela natureza. Está aberta ao que lhe rodeia. É inessencial por si mesma. Apresenta-se como um produto histórico e transborda qualquer individualidade.

Embora não seja assimilável pela individualidade, a subjetividade que um indígena mesoamericano atribui a si mesmo é irredutivelmente singular, única, totalmente diferente da de outros indivíduos. Isso não significa que seja isolada. Ao contrário, tudo nela é relacional, sendo indissociável de uma intersubjetividade que a faz estabelecer vínculos dialógicos e predominantemente horizontais com os demais entes subjetivos, que não são apenas sujeitos humanos, mas também animais, vegetais e até minerais, todos aparecendo como os ramos de uma mesma árvore, a da totalidade natural. Isso faz com que o indígena mesoamericano se imponha um imperativo supremo de humildade, valorizando-se tanto quanto qualquer outro ser animado ou inanimado, aspirando ao maior desprendimento e repudiando atitudes tipicamente ocidentais como assertividade, possessividade, voracidade e competitividade.

O sujeito mesoamericano também se apresenta como alguém que valoriza a vida como tal, por si mesma, sem subordiná-la a qualquer outra coisa, mas também sem dissociá-la da morte que a habita. Se o mesmo sujeito parece obcecado com a morte, é por sua representação dessa morte como princípio vital, mas também por sua noção materialista e monista de si mesmo, por sua consciência de que sua alma nada mais é que seu corpo que desaparecerá. No entanto, além de saber-se corpo, o indígena mesoamericano sabe que forma parte de uma totalidade que continua vivendo quando ele morre, uma totalidade na qual vemos coexistir, contradizer-se e complementar-se, o vivo e o morto, o diurno e o noturno, o masculino e o feminino e outros contrários que devem equilibrar-se para garantir a saúde dos sujeitos e do universo do qual fazem parte. Pensar tudo isso requer um pensamento dialético e complexo, marcado pela dúvida, pela falta de certeza diante do que se pensa, já que se reconhece a insuficiência do ser humano para conhecer e compreender tudo o que está em jogo em sua existência e na de tudo o mais.

CONSISTÊNCIA INTERNA

Os aspectos que acabamos de resumir estão intimamente organizados e acoplados entre si nas concepções mesoamericanas de subjetividade.

ALÉM DA CONCLUSÃO

Se o sujeito é variável e múltiplo, é porque se encontra em diferentes lugares, de modo respectivamente sucessivo e simultâneo. Esses lugares na comunidade constituem o mais íntimo e o mais externo da subjetividade. São, assim, o aspecto êxtimo pelo qual podemos dizer que o sujeito se mantém aberto à totalidade e é inessencial por si mesmo, não sendo a cada momento nada mais que seu lugar, sua posição e sua função no espaço comunitário com sua história e com todo o resto que se individualiza e singulariza em cada sujeito.

A comunidade é tal porque todos os seus membros a têm em comum, cada um sendo assim radicalmente igual aos demais, igual por ser a mesma comunidade, mas igual em sua diferença, por sê-la cada vez de maneira única, singular. Por mais diferentes que sejam entre si, os sujeitos são iguais, iguais em sua condição de sujeitos e de singularizações da mesma comunidade, e por isso estabelecem entre si vínculos marcados pela intersubjetividade, dialogicidade e horizontalidade. Esses vínculos exigem uma subjetividade humilde que não pretende se colocar acima do outro, seja humano ou não humano, espiritual, animal, vegetal ou mesmo mineral, já que todos os seres podem formar parte da comunidade mesoamericana.

O espaço comunitário da Mesoamérica inclui todo o universo porque tudo está vivo no universo. Ao mesmo tempo, todas as coisas vivas são mortais, estão habitadas por uma morte que radica no miolo da vida. Vivemos do que nos mata. A vida não se liberta da morte nem mesmo no ser humano.

O indígena mesoamericano se reconhece tão mortal e tão corporal como os demais seres. Esse reconhecimento não apenas confirma a humildade e a capacidade para se vincular horizontalmente com os sujeitos não humanos, mas também nos mostra o materialismo de quem se atreve a ser apenas um corpo como qualquer outro. O ser corpo não supõe aqui deixar de ser alma, pois a alma é indiscernível do corpo no monismo característico da Mesoamérica.

A perspectiva monista mesoamericana permite conceber almas corpóreas e outras entidades duplas que não deixam de ser uma porque são duplas. É o que acontece com praticamente tudo que existe para os povos originários da Mesoamérica. Para eles, tudo tem um caráter duplo, com dois aspectos contraditórios, um material e outro espiritual, um frio e outro quente, um úmido e outro seco, um feminino e outro masculino, e assim por diante.

Os aspectos contraditórios das coisas são complementares. O reconhecimento da contradição e da complementaridade revela a dialética e a complexidade pelas quais se distingue o pensamento mesoamericano. Esse pensamento é complexo e dialético porque mantém as contradições, não pretende resolvê-las, não reduz um dos termos ao outro, senão que pensa neles simultaneamente, como fatores complementares. É assim que conseguem evitar simplificações unilaterais, mas à custa das certezas que dominam em outras formas de pensamento. O resultado é a dúvida que não deixa de atormentar o indígena da Mesoamérica, o qual, duvidando humildemente de tudo que sabe, se mostra uma vez mais como alguém humilde, capaz de se relacionar horizontalmente com outros seres, humanos e não humanos.

Os aspectos subjetivos expostos, como vemos, não se contradizem nem são incongruentes ou dissonantes entre si. O pensamento mesoamericano se caracteriza por sua consistência interna e não apenas por sua atitude cautelosa, respeitosa, lúcida e sagaz em relação à subjetividade. Por tudo isso e muito mais, difere profundamente da psicologia dominante, que, além de sua desintegração interna, só sabe se aproximar de modo torpe e violento de um sujeito que nem sequer é capaz de ver como o sujeito singular que é universalmente em sua particularidade cultural, tendo sempre que reduzi-lo à condição de objeto generalizado.

AUTOCONSCIÊNCIA RESGUARDADA

Os delírios da psicologia, como creio ter mostrado, podem ser abordados criticamente contrastando-os com as concepções mesoamericanas de subjetividade. A abordagem deve ser teórica e epistêmica, mas também política, pois o que está em jogo é o poder exercido sobre nós pelo

ALÉM DA CONCLUSÃO

capitalismo colonial, e agora neocolonial, com seus dispositivos psicológicos e psicologizantes. Esses dispositivos fazem o que devem fazer para nos submeter ao sistema capitalista globalizado, para nos alienar e nos subsumir nele, para nos transformar em seus objetos e ceder nossa condição subjetiva a ele.

O capital não apenas nos objetifica para usurpar nossa subjetividade, mas reduz nossa universalidade ao equivalente universal do dinheiro e suas inúmeras manifestações unidimensionais[5]. Essa redução opera por diversos meios, alguns deles ideológicos e disciplinares, como é o caso da psicologia com seu objeto generalizado. O resultado é que perdemos nossa própria universalidade subjetiva, a do sujeito singular com sua particularidade cultural: uma universalidade que ainda está preservada na Mesoamérica e que implica uma autoconsciência como a apresentada pelas concepções mesoamericanas de subjetividade que examinamos aqui.

Entre as contribuições deste livro, uma das mais importantes é a demonstração de que os povos originários da Mesoamérica preservam uma universalidade autoconsciente que entregamos ao capital e seus dispositivos, entre eles o psicológico. Essa é uma das razões, apenas uma, pela qual nosso mundo, como disse Hegel, "deve se afastar do terreno sobre o qual, até hoje, se desenvolveu a história universal", e deve deixar de ser obstinadamente "eco do velho mundo e reflexo da vida alheia"[6]. Embora pareça impossível, temos de sair do universo que nos entedia. Devemos escapar dessa prisão, mas não exatamente pelo que imaginava Hegel. Não para ser o espírito que ainda não seríamos. Não para ser algo no porvir, mas para aprofundar a consciência do espiritual que já somos, do humano universal aqui resguardado pelos povos originários da Mesoamérica.

NOTAS

INTRODUÇÃO

1. G. Bonfil Batalla, *México Profundo: Una Civilización Negada*, p. 10-14, p. 94-96, respectivamente.

2. Ver J. Gómez Robleda, *Pescadores y Campesinos Tarascos*; idem, *Estudio Biotipológico de los Zapotecas*; idem, *Estudio Biotipológico de los Otomíes*.

3. Ver S. Ramírez, *El Mexicano: Psicología de sus Motivaciones*.

4. Ver F. González Pineda, *El Mexicano: su Dinámica Psicosocial*.

5. Ver A. Aramoni, *Psicoanálisis de la Dinámica de un Pueblo*.

6. Ver L. Sedeño; M.E. Becerril, *Dos Culturas y una Infancia: Psicoanálisis de una Etnis en Peligro*.

7. Ver M. Aceves, *El Mexicano: Alquimia y Mito de una Raza*.

8. Ver E. Cornejo Cabrera, *Estudio de Psicología Experimental en Algunos Grupos Indígenas de México*.

9. Ver R. Díaz-Guerrero, *Psicología del Mexicano: Descubrimiento de la Etnopsicología*.

10. "Emic" se refere às crenças e interpretações inerentes à cultura estudada, enquanto "etic" remete ao enfoque científico externo de quem estuda a cultura de modo pretensamente imparcial e objetivo. (N. da T.)

11. Ver R. Díaz-Loving, Contributions of Mexican Ethnopsychology to the Resolution of the Etic-emic Dilemma in Personality. *Journal of Cross-Cultural Psychology*, v. 29, n. 1.

12. Ver M.E. Guitart; M.J. Rivas Damián; M.R. Pérez Daniel, Identidad Étnica y Autoestima en Jóvenes Indígenas y Mestizos de San Cristóbal de las Casas (Chiapas, México), *Acta Colombiana de Psicología*, v. 14, n. 1.

13. Ver M.E. Guitart; A. Sánchez Vidal, Sentido de Comunidad en Jóvenes Indígenas y Mestizos de San Cristóbal de las Casas (Chiapas, México). Un Estudio Empírico, *Anales de Psicología*, v. 28, n. 2.

14. Confirmando a suspeita, o intelectual *mixteco* Juan Julián Caballero (*Nuu Davi Yuku Yata: Pueblo Antiguo de la Lluvia*) afirma categoricamente que "a coisa mais discriminatória" no campo científico é "tentar explicar à luz da teoria de algumas culturas o que acontece em outras" (p. 49).

15. Não há nem mesmo nas perspectivas críticas e alternativas da psicologia cultural. Em uma discussão recente com Carl Ratner, quando lhe perguntaram sua opinião sobre psicologia indígena, ele respondeu literalmente que "as ciências culturais ocidentais são mais válidas do que as noções de cultura e comportamento dos povos anteriores", e que "a ideia desenvolvida no Ocidente da psicologia cultural como ciência é a única que tem princípios explicativos e métodos científicos para iluminar as bases culturais das ideias psicológicas", pois "os povos indígenas têm suas ideias sobre si mesmos, mas essas ideias podem emanar de mitos religiosos ou do senso comum" (C. Ratner; D. Pavón-Cuéllar; K.M. Ríos-Martínez, The Politics of Realism and Social Constructionism in Psychology, *Psychotherapy and Politics International*, v. 18, n. 1, p. 11).

16. Ver D. Pavón-Cuellar, La Psicología Mesoamericana, *Memorandum*, n. 25.

17. Ver J.M. Flores Osorio, Psicología, Subjetividad y Cultura en el Mundo Maya Actual, *Interamerican Journal of Psychology*, v. 37, n. 2; idem, Para Comprender el Mundo Maya Después del 13 Baktún, *Teoría y Crítica de la Psicología*, v. 14.

18. Ver J. Figueroa Cuevas; L. Hernández Guzmán, Concepto Indígena de Inteligencia en Etnias de México, *Revista de Psicología de la PUCP*, v. 22, n. 2.

19. Ver E. Medina Huerta, Mintsita ka Tsipekua: El Corazón y la Vida, *Teoría y Crítica de la Psicología*, n. 10.

20. Ver M.E. Vicente Xiloj, El Legado de las Abuelas y Abuelos, *Teoría y Crítica de la Psicología*, v. 14.

21. Ver D. Toledo Hernández, Nuestras Raíces, Nuestras Cosmovisiones, Nuestra Lengua y Formas de Organización Tseltal, *Teoría y Crítica de la Psicología*, v. 14.

22. Ver C.E. Pérez Jiménez, La Función del Chay yo'on y el Uso del chul nichim, chul yanal t'e en el Reconocimiento del Otro, *Teoría y Crítica de la Psicología*, v. 14.

23. Ver D. Pavón-Cuéllar; M. Mentinis, *Zapatismo y Subjetividad: más allá de la Psicología*.

24. Por exemplo, E. Torres Velázquez, *Terapéutica y Muerte en una Comunidad Nahua a partir del Concepto Mesoamericano de Persona*. Tesis (licenciatura en Psicología).

25. Uma exceção é a fascinante e monumental obra de Jacobo Grinberg-Zylberbaum (*Los Chamanes*

de México I: Psicología Autóctona Mexicana). Não incluí esse trabalho entre os outros porque vai além do que é aceitável para a comunidade científica atual, mas contém informação inestimável sobre o pensamento mesoamericano. "Seria pouco científico ignorá-las", como disseram Michel Boccara e María Candelaria Pech Witz (El Conocimiento de los Meno'ob y el Poder del Aire [Ik'], *Estudios de Cultura Maya*, v. 55, n. 1, p. 265).

26. Por exemplo, U. Kim, Indigenous Psychology, em R.W. Brislin (ed.), *Cross-cultural Research and Methodology Series*; U.E. Kim; J.W. Berry, *Indigenous Psychologies*; U. Kim; K.S. Yang; K.K. Hwang (eds.), *Indigenous and Cultural Psychology*; K.-K. Hwang, From Anti-colonialism to Postcolonialism, *International Journal of Psychology*, n. 40; N. Paredes-Canilao; M.A. Babaran-Diaz; M.N.B. Florendo; T. Salinas-Ramos; S.L. Mendoza, Indigenous Psychologies and Critical-Emancipatory Psychology, em I. Parker (ed.), *Handbook of Critical Psychology*.

27. Por exemplo, N. Mkhize, Psychology: An African Perspective, em N. Duncan et al. (ed.), *Self, Community and Psychology*; A. Nwoye, What Is African Psychology the Psychology of?, *Theory & Psychology*, v. 25, n. 1.

28. Ver L.E. Léon Romero, As Guy Mhuysqa: Expresiones Filosóficas y Ontológicas de una Psicología Ancestral Indígena, *Tesis Psicológica*, v. 9, n. 2; idem, *Descripciones de una Psicología Ancestral Indígena*; P.A. Pérez Gil, La Fuerza del Espíritu (fe) en el Camino (Ancestral) Indígena, *Perseitas*, v. 4, n. 1.

29. O artigo "Concepciones Mesoamericanas de la Subjetividad y su Potencial Crítico ante la Psicología Dominante", publicado em dezembro de 2020 no segundo número do volume 15 da revista colombiana *Tesis Psicológica*, é um esboço dos primeiros quatro capítulos deste livro. Os três seguintes capítulos retomam, desenvolvem e aprofundam o texto "Conceitos Mesoa-

mericanos da Intersubjetividade como Diretriz da Psicologia Crítica e da Práxis Comunitária", apresentado no VI Congresso Internacional Intervenção y Praxis comunitaria, na Universidad de Tijuana, em 2019. Finalmente, o livro coletivo *Psicologia Indígena Latinoamericana*, coordenado em 2021 por Rosa Suárez, Luis Eduardo León Romero e Marcelo Gustavo Aguilar Calegare, contém uma versão preliminar do oitavo capítulo sob o título "Vida y Muerte en las Concepciones Prehispánicas Nahuas de la Subjetividad".

30. J.M. Flores Osorio, Psicología, Subjetividad y Cultura en el Mundo Maya Actual: Una Perspectiva Crítica, *Interamerican Journal of Psychology*, v. 37, n. 2; idem, Para Comprender el Mundo Maya Después del 13 Baktún, *Teoría y Crítica de la Psicología*, v. 14.

31. Ver Mesoamérica: Sus Límites Geográficos, Composición Étnica y Caracteres Culturales, *Suplemento Revista Tlatoani*, n. 1.

32. Coa é uma ferramenta agrícola de madeira, com ponta afiada, que se usa para plantar milho. O termo coa era empregado pelos indígenas taínos das Antilhas para designar o pau usado para fazer orifícios em que se plantam as sementes. Logo o termo passou a ser usado em toda a região caribenha e centro-americana. (N. da T.)

33. J.M. Flores Osorio, Psicología, Subjetividad y Cultura en el Mundo Maya Actual, *Interamerican Journal of Psychology*, v. 37, n. 2, p. 331, p. 330-333, respectivamente.

34. Idem, Para Comprender el Mundo Maya Después del 13 Baktún, *Teoría y Crítica de la Psicología*, v. 14, p. 173.

35. P. Kirchhoff, op. cit., p. 5.

36. G. Bonfil Batalla, op. cit., p. 31, p. 32, respectivamente.

37. L. Villoro, *Los Grandes Momentos del Indigenismo en México*, p. 283.

I. VARIABILIDADE E MULTIPLICIDADE

1. R. Martínez González, El Alma de Mesoamérica, *Journal de la Société des Américanistes*, t. 93, n. 2, p. 248-249.

2. P. Pitarch Ramón, *La Palabra Fragante*, p. 179.

3. Ibidem, p. 179, p. 168, respectivamente.

4. C. Guiteras Holmes, *Los Peligros del Alma*, p. 74.

5. R. Pozas, *Juan Pérez Jolote: Biografía de un Tzotzil*, p. 80-111, p. 111, respectivamente.

6. C. Lenkersdorf, *Los Hombres Verdaderos*, p. 88-89.

7. J. Arias, *El Mundo Numinoso de los Mayas*, p. 133.

8. C. Incháustegui, *El Entorno, el Hombre, la Enfermedad y la Muerte*, p. 83.

9. Roberto Martínez González elaborou, em seu artigo já citado, um amplo repertório das di-

ferentes almas dos indivíduos em distintos povos originários da Mesoamérica: um *mixteco*, por exemplo, tem quatro entidades anímicas, uma *ánima yo*, em que residem os processos intelectuais, uma *sombra*, que o recobre e que se torna fantasma após a morte, uma *tono*, que possui a "sustância vital" com a qual se anima o sujeito, e uma *tachi*, que se associa com os espíritos dos mortos (p. 28). Devemos entender bem que essas quatro entidades anímicas não são partes, nem instâncias, nem funções de uma só alma, mas literalmente almas no plural, autônomas, com vida própria, que podem se separar umas das outras.

10. Tseltal/Tsotsil. Antes as formas de escrita mais utilizadas eram "tzeltal" e "tzotzil", mesmo que as formas corretas fossem "tseltal" e "tsotsil", e também as preferidas pelos escritores e falantes nativos. Na atualidade, "tseltal" e "tsotsil" são consideradas como únicas formas admitidas pelos nativos. (N, da T.)

11. P. Pitarch Ramón, *Ch'ulel: una Etnografía de las Almas Tzeltales*, p. 123.

12. P.R. Turner, *Los Chontales de los Altos*, p. 148.

13. D.Vásquez Monterroso; M. Urizar Natareno, El No-sujeto Sujeto, p. 2.

14. Em ambos os casos, o ser humano é também outro ser geralmente animal, *nahual* ou *tonal*, que vive fora dele. No entanto, no *nahualismo* se trata de uma virtude excepcional de seres "privilegiados", ao passo que no *tonalismo* acontece com "todas as pessoas" (A. López Austin, *Las Razones del Mito*, p. 106-109). Os indígenas huaves acreditam que na época pré-hispânica todas as pessoas tinham uma coessência e a conheciam, mas que o colonialismo, ao impor a hierarquia social, fez que esse privilégio recaísse somente em uns quantos *monbasoic*, homens de "corpo-nuvem", que detinham uma autoridade fundada em sua capacidade para invocar as chuvas (S. Millán, *Los Huaves*, p. 28). É comum que os seres humanos tenham assim um poder que se justifica ideologicamente pelo de seus *nahuales*, como acontece entre os triquis, o que leva Miguel Alberto Bartolomé (*Gente de Costumbre y Gente de Razón*) a conjecturar que existem "dois mundos especulares que se refletem mutuamente: o dos homens e o de suas almas sociais" (p. 159). Essa concepção mesoamericana de subjetividade parece operar exatamente como a psicologia ocidental, oferecendo o que Louis Althusser (Psychanalyse et psychologie, *Psychanalyse et sciences humaines*) denominava "fundamento em espelho", um reflexo da sociedade que serve para justificá-la (p. 108-111).

15. A. López Austin, *Cuerpo Humano e Ideología*, p. 221-262; idem, *Las Razones del Mito*, p. 101-106.

2. EXTIMIDADE E ABERTURA

1. Iliana Yunuen Rhi (*Ñuu Savi Sini Ñu'un Tiatyi: A Renewal of Mixteco Epistemology of Mother Eart*) nos brinda com outra sugestiva imagem da mesma transcendência no *yuu*, a esteira ou tapete dos *mixtecos*, onde a existência individual se apresenta de modo relacional como uma fibra de palma entrelaçada com as demais, as sustentando e sendo sustentada por elas, formando assim um todo no qual "nossos fios de vida são nossas relações com a *Ñu'un Tiatyi* (a Mãe Terra) e com nós mesmos" (p. 59). Este *yuu* é a representação do que Rhi descreve como "*Ñuu Savi Sini Nu'un Tiatyi*", epistemologia mixteca da mãe natureza, baseada nas "relações com os demais seres e com a Mãe Natureza" em um paradigma que "se estende além dos limites físicos e mentais" (p. 29-30). As concepções mesoamericanas da subjetividade transcendem assim a esfera individual, corporal e anímica, a qual tende a confinar o sujeito em abordagens fisiológicas e psicológicas da ciência europeia e estadunidense.

2. A. López Austin, *Las Razones del Mito*, p. 105.

3. J. Lacan, *Le Séminaire XVI*, p. 224.

4. E. Medina Huerta, Mintsita ka Tsipekua, *Teoría y Crítica de la Psicología*, n. 10, p. 245.

5. La Noción de Persona entre los Mayas, *Revista Pueblos y Fronteras Digital*, v. 2, n. 4, p. 12.

6. J.C. Zavala Olalde, La Noción General de Persona, *Revista de Humanidades*, n. 27-28, p. 312-313.

7. Há extimidade, pois, tanto no *ool* como no *uinic*: tanto em uma das almas do sujeito como no próprio sujeito. O *maya, uinic*, se concebe sabiamente como uma dobra do mundo exterior, uma intimidade em que se interioriza a exterioridade, uma experiência pontual da comunidade, um ponto no qual se resume a totalidade. Entendemos então que Jorge Mario Flores Osorio (Psicología, Subjetividad y Cultura en el Mundo Maya Actual, *Interamerican Journal of Psychology*, v. 37, n. 2) caracterize ao *maya*, por meio do que chama "razão piramidal", como um sujeito que "se descobre a si mesmo na totalidade" ao mesmo tempo que "descobre aos outros na intimidade do ser" (p. 335).

8. J. Arias, *El Mundo Numinoso de los Mayas*, p. 78.

9. P. Pitarch Ramón, *Ch'ulel: una Etnografía de las Almas Tzeltales*, p. 123.

10. Ver Psychology: Social Self-Understanding on the Reasons for Action in the Conduct of Everyday Life, em E. Schraube; U. Osterkamp (eds.), *Psychology from the Standpoint of the Subject*.

11. M. Horkheimer, *Crítica de la Razón Instrumental*, p. 107.

12. E.D. Dussel, *1492: El Encubrimiento del Otro – Hacia el Origen del Mito de la Modernidad*, p. 47.

13. Neologismo particular da língua espanhola empregado por Carlos Lenkersdorf a partir do jogo de palavras internos à primeira pessoa do plural, nosotros = nos + otros. Dada a grafia da primeira pessoa do plural em português, "nós", o neologismo nos empresta sentidos inapreensíveis e intraduzíveis pelos pronomes comumente empregados eu-você-ele, nós-vocês-eles. (N. da T.)

14. C. Lenkersdorf, *Filosofar en Clave Tojolabal*, p. 31-32, p. 25, respectivamente.
15. F. López Bárcenas, Principios Filosóficos del Derecho Ñuúsavi, *Umbral*, n. 4, p. 123.
16. I.Y. Rhi, *Ñuu Savi Sini Ñu'un Tiatyi*, p. 59.
17. Os *mixtecos* e outros povos originários da Mesoamérica jamais esqueceram o que Ludwig Feuerbach (*La Filosofía del Porvenir*) devia ter recordado aos filósofos europeus no século XIX: que sou o que somos, que "a essência do homem está contida apenas na comunidade" e que, ao pensar, "sou um homem unido aos demais homens" (p. 95-96). Tal unidade comunitária subjacente ao pensamento é um princípio fundamental das concepções mesoamericanas de subjetividade.
18. C. Lenkersdorf, op. cit., p. 25-26, p. 39, respectivamente.
19. P.R. Turner, *Los Chontales de los Altos*, p. 149.
20. Alicja Iwanska (*Purgatorio y Utopía*) notou que as identificações comunitárias eram "mais poderosas" que as familiares entre os *mazahuas* (p. 119). No mesmo sentido, Jacques Soustelle (*México, Tierra India*) havia observado como os *otomíes*, atribuindo menor importância aos laços de sangue que aos comunitários, teciam "uma invisível rede de obrigações, uma espécie de parentesco espiritual que era mais imperioso que o natural" (p. 55). Talvez nem sequer seja correto distinguir taxativamente esses dois parentescos na Mesoamérica. Para seus povos originários, como vimos ao abordar o conceito *nahua* de *teyolía*, tanto os membros de uma comunidade como os seres humanos, e inclusive os demais seres, estão unidos por uma espécie de vínculo natural, familiar, de sangue, como galhos de uma mesma árvore pelos quais circula uma mesma seiva.
21. J.W. Whitecotton, *Los Zapotecos: Príncipes, Sacerdotes y Campesinos*, p. 285.
22. M.A. Bartolomé, *Gente de Costumbre y Gente de Razón*, p. 152.
23. C. Lenkersdorf, op. cit., p. 175-179.
24. M.A. Bartolomé, op. cit., p. 154.
25. D. Vásquez Monterroso; M. Urizar Natareno, El No-sujeto Sujeto, p. 1, 5.
26. G.C. Vaillant, *La Civilización Azteca*, p. 103 e 106, respectivamente.
27. A migração é uma experiência comum entre os povos originários do México e da América Central. Muitos habitantes indígenas se vêm obrigados a deixar para trás seus territórios para fugir da violência, da pobreza, do desemprego e da falta de oportunidades. É assim que se formaram grandes núcleos populacionais indígenas nas grandes cidades da região mesoamericana e nos Estados Unidos. (N. da T.)
28. M. León-Portilla, *Obras: Tomo XII*, p. 247.
29. C. Lenkersdorf, Aspectos de Educación desde la Perspectiva Maya-Tojolabal, *Reencuentro*, n. 33, p. 72.
30. J. Julián Caballero, *Ñuu Davi Yuku Yata*, p. 124.
31. A. Argüello Parra, Pedagogía Mixe, *Estudios Pedagógicos*, v. XLII, n. 3, p. 436-438.
32. P.R. Turner, op. cit., p. 150.
33. M.A. Bartolomé, *La Dinámica Social de los Mayas de Yucatán*, p. 243.
34. W.R. Holland, Psicoterapia Maya en los Altos de Chiapas, *Estudios de Cultura Maya*, n. 3, p. 267.
35. Essa concepção mesoamericana da doença como ruptura com a comunidade perpassa múltiplos transtornos provocados por vínculos emocionais hostis com os outros. Por exemplo, entre *zapotecos*, a cólera e a inveja provocam a *muina* adulta ou a *chipilez* infantil, que são "males psicogenéticos que envenenam o sangue, incham o coração" e podem chegar a provocar uma "deficiência física permanente" (J.W. Whitecotton, op. cit., p. 294). Nesse caso, o doente é quem sentiu a emoção, mas também pode ocorrer que a enfermidade recaia naquele cujo comportamento antissocial provocou a emoção em outro sujeito. Entre os *tsotsiles*, "se um homem bate em sua sogra, é a cólera dela o que faz que ele adoeça", e só pode se curar por meio do ressarcimento, do perdão e da reconciliação (C. Guiteras Holmes, *Diario de San Pedro Chalchihuitán*, p. 227). A reconstituição do vínculo comunitário é o que cura.
36. W.R. Holland, op. cit., p. 274.
37. M.A. Bartolomé, *La Dinámica Social de los Mayas de Yucatán*, p. 243.
38. L. Séjourné, *Supervivencias de un Mundo Mágico*, p. 115-116.
39. A. Iwanska, *Purgatorio y Utopía*, p. 109, 114-118, respectivamente.
40. D. Vásquez Monterroso; M. Urizar Natareno, op. cit., p. 1.
41. Ao contrário de nossa psicologia, o pensamento mesoamericano sabe que o indivíduo não pode e nem deve ser totalizado. A multiplicidade e a abertura impedem a totalização do sujeito numa constituição forte, bem individualizada, integrada e unificada. Como observou Carlos Incháustegui (*El Entorno, el Hombre, la Enfermedad y la Muerte*) em relação aos *mazatecos* de Oaxaca, se atribui ao sujeito "uma constituição complexa e fraca em sua multiplicidade e falta de unidade" (p. 86).
42. P. Pitarch Ramón, *Ch'ulel: una Etnografía de las Almas Tzeltales*, p. 99.
43. Ibidem.
44. Ibidem.
45. J.B. de Pomar, Xochicuícatl: Cantos Floridos y de Amistad, em M. León-Portilla (ed.), *Cantos y Crónicas del México Antiguo*, p. 136.

46. D. Vásquez Monterroso; M. Urizar Natareno, op. cit., p. 9.

47. Tivemos de esperar até os séculos XIX e XX para que essa constituição relacional do sujeito fosse plenamente reconhecida no mundo ocidental. Entre os primeiros a vislumbrá-la estão Marx e Freud, o primeiro ao definir o ser humano como um "conjunto de relações sociais" (K. Marx, Tesis sobre Feuerbach, *Obras Escogidas de Marx y Engels I*, p. 9) e o segundo ao descrever o indivíduo como um enodamento de "múltiplos laços de identificação" (S. Freud, Psicología de las Masas y Análisis del Yo, *Obras Completas* XVIII, p. 122).

48. A. López Austin, *Cuerpo Humano e Ideología*, p. 201.

49. J.C. Zavala Olalde, La Noción General de Persona, *Revista de Humanidades*, n. 27-28, p. 156.

3. HISTORICIDADE

1. A. López Austin, *Las Razones del Mito*, p. 63.

2. M.E. Vicente Xiloj, El Legado de las Abuelas y Abuelos, *Teoría y Crítica de la Psicología*, v. 14, p. 191.

3. D. Vásquez Monterroso; M. Urizar Natareno, El No-sujeto Sujeto, p. 12.

4. L. Séjourné, *Supervivencias de un Mundo Mágico*, p. 48.

5. Digamos que algo sobreviveu simbolicamente à morte do corpo. Os mortos da primeira morte, real ou biológica, ainda não morreram da segunda morte, a morte simbólica. (J. Lacan, *Le Séminaire* VII.) É por isso que nem caem no esquecimento nem perdem seu poder ou sua efetividade. Talvez, inclusive, resultem mais poderosos e efetivos. E se eles estivessem de alguma forma mais vivos? Referindo-se a seus maridos desaparecidos devido à repressão na Guatemala, as mulheres *mayas* de Rabinal exclamam para si mesmas: "os mortos estão mais vivos do que nós!" (M.E. Vicente Xiloj, El Legado de las Abuelas y Abuelos, *Teoría y Crítica de la Psicología*, v. 14, p. 191).

6. L. Séjourné, op. cit., p. 50.

7. P. Johansson, El Sentido y los Sentidos de la Oralidad Náhuatl Prehispánica, *Acta Poética*, v. 26, n. 1-2, p. 524.

8. Anônimo, Restauración de los Seres Humanos, em M. León-Portilla (ed.), *Cantos y Crónicas del México Antiguo*, p. 69-71.

9. J.C. Zavala Olalde, La Noción General de Persona, *Revista de Humanidades*, n. 27-28, p. 314.

10. J.M. Flores Osorio, Psicología, Subjetividad y Cultura en el Mundo Maya Actual, *Interamerican Journal of Psychology*, v. 37, n. 2, p. 335.

11. D. Pavón-Cuéllar; M. Mentinis, Zapatismo y Subjetividad, p. 65-70.

12. Marcos, Carta al Presidente Fox del 22 de Marzo de 2001, em EZLN, *Documentos y Comunicados 5*, p. 286.

13. Anônimo, *Anales de los Xahil*, p. 75, 78, 61, 59-60, respectivamente.

14. Os indígenas zapatistas entenderam isso muito bem e, por isso, colocam sua força no "sangue de seus antepassados", em seu "exemplo de rebeldía", na herança de "mais de 500 anos de luta e resistência". (EZLN, *Palabras del EZLN en el 22 Aniversario del Inicio de la Guerra contra el Olvido,*, par. 131. Disponível em: <http://enlacezapatista.ezln.org.mx/2016/01/01/palabras-del-ezln-en-el-22-aniversario-del-inicio-de-la-guerra-contra-el-olvido/>.) O fato de terem sido cinco séculos de derrotas e sofrimentos não compromete de forma alguma a força contida nas lembranças, nem significa que o passado deva ser esquecido e a força, buscada no futuro. Nesses casos, como bem observou Walter Benjamin (Tesis de Filosofía de la Historia, *Ensayos Escogidos*), o "nervo principal da força" está nas "gerações dos vencidos", na "imagem dos ancestrais oprimidos e não no ideal dos descendentes livres" (p. 72).

15. Ver B. de Sahagún, *Historia General de Cosas de Nueva España*.

16. É como se os ancestrais já tivessem uma consciência que falta para nós. É como se carecêssemos parcial ou totalmente da alma que eles já possuem. Isso é assim efetivamente em alguns povos originários mesoamericanos. Entre os *tsotsiles* e os *tseltales*, como explica Jacinto Arias (*El Mundo Numinoso de los Mayas*), a entidade psíquica denominada *ch'ulel* é algo que não se possui totalmente desde o princípio, mas que adquirimos pouco a pouco, de tal modo que "é dever de cada pessoa orientar-se para o mundo ideal formado pelos antepassados e pelos mais velhos, porque somente eles estão em possessão total de sua alma", de sua "consciência" (p. 38).

17. M. León-Portilla, *Obras: Tomo* XII, p. 268.

18. P. Johansson, op. cit., p. 524.

19. C. Incháustegui, *El Entorno, el Hombre, la Enfermedad y la Muerte*, p. 83.

20. W.R. Holland, Psicoterapia Maya en los Altos de Chiapas, *Estudios de Cultura Maya*, n. 3, p. 267 e 276, respectivamente.

21. A. López Austin, op. cit., p. 60-63.

22. Essa concepção é particularmente evidente na antiga cultura *maya yucateca*, onde "não há passado, nem presente, nem futuro, mas sim o tempo aparece como um fenômeno recorrente e cir-

cular". (M.A. Bartolomé, *La Dinámica Social de los Mayas de Yucatán*, p. 80.) Seguindo o sistema das rodas calendáricas, "os eventos que aconteceram uma vez voltam a se repetir quando as rodas coincidem" (p. 77-78). As rodas calendáricas compõem as diversas formas como os povos *mayas* contam o tempo e dividem-se, tradicionalmente, em *Tzolk'in*, calendário ritual de 260 dias, e *Haab'*, calendário civil de 365 dias. Cada calendário tem sua função, como o *Tzolk-in*, que rege a agricultura. Há diversos ciclos dentro de cada ciclo através da correlação entre os calendários, marcando assim uma contagem espiralar do tempo que renova os ciclos sempre que determinados dias coincidem entre os calendários. O que há aqui é repetição e não sucessão, retorno e não avanço, movimento circular e não deslocamento em linha reta.

23. P. Pitarch Ramón, *Ch'ulel: una Etnografía de las Almas Tzeltales*, p. 135, 164, 166-168, respectivamente.

4. INDIVIDUALIZAÇÃO E SINGULARIDADE

1. P. Pitarch Ramón, *Ch'ulel: una Etnografía de las Almas Tzeltales*, p. 167 e 125, respectivamente.
2. B. Sahagún, apud M. León-Portilla, *Obras: Tomo XII*, p. 217.
3. M. León-Portilla, op. cit., p. 219 e 217-218, respectivamente.
4. B. de Sahagún, *Historia General de Cosas de Nueva España*, p. 537.
5. A metáfora do espelho pode ser interpretada em pelo menos três níveis de sentido. Em primeiro lugar, situa a origem da identidade na alteridade, posto que "eu é um outro", como reza a fórmula de Arthur Rimbaud retomada por Lacan (*Le Séminaire II: Le Moi*, p. 18). Em segundo lugar, a metáfora centra a educação no autoconhecimento, confirmando o que Francisco Hernández (*Antigüedades de la Nueva España*) observou sobre o modo como os *nahuas* prescreviam a seus filhos "o verdadeiro e diligentemente investigado conhecimento de si mesmos" (p. 95). Terceiro, a metáfora do espelho põe de manifesto o reconhecimento e o respeito pela singularidade na educação mesoamericana. O processo educativo aqui só permite que cada sujeito, como na frase de Píndaro, chegue a ser o que é.

6. M. León-Portilla, op. cit., p. 218.
7. Ibidem, p. 217-218 e 218-219, respectivamente.
8. Ver D. Pavón-Cuellar, *La Psicología Mesoamericana*, *Memorandum*, n. 25.
9. D. Vásquez Monterroso; M. Urizar Natareno, *El No-sujeto Sujeto*, p. 2.
10. R. Martínez González, *El Alma de Mesoamérica*, *Journal de la Société des Américanistes*, t. 93, n. 2, p. 22.
11. Ver A. López Austin, *Cuerpo Humano e Ideología*; e idem, *Las Razones del Mito*.
12. Idem, *Cuerpo Humano e Ideología*, p. 233.
13. Idem, *Las Razones del Mito*, p. 103-105.
14. C. Lenkersdorf, *Los Hombres Verdaderos*, p. 89-91.
15. Idem, *Filosofar en Clave Tojolabal*, p. 40 e 88, respectivamente.

5. INTERSUBJETIVIDADE

1. Tornar essas relações possíveis pode exigir o uso ritual do álcool, não apenas para desinibir-se, como no mundo ocidental, mas para tecer laços comunitários e estabelecer vínculos plenamente intersubjetivos. É o que se consegue entre os *tsotsiles*, como demonstrou Carlos Eduardo Pérez Jiménez (La Función del Chay yo'on y el Uso del chul nichim, chul yanal t'e en el Reconocimiento del Otro, *Teoría y Crítica de la Psicología*, v. 14), através de *chay yo'on*, "perder-se, esquecer-se ou embriagar-se", o que opera como um "dispositivo de reconhecimento recíproco e sincero entre a comunidade e o estranho", dispositivo com o qual é possível superar a formalidade e a burocracia, dissipar a "diferença", estabelecer a "semelhança" e garantir a hospitalidade e a "responsabilidade e cuidado do outro" (p. 216-217).
2. Ayocuan Cuetzpaltzin, Las Flores y los Cantos, em M. León-Portilla, *Quince Poetas del Mundo Náhuatl*, p. 299.
3. Temilotzin, Poema, em M. León-Portilla, *Quince Poetas del Mundo Náhuatl*, p. 269.
4. B. de Sahagún, *Historia General de Cosas de Nueva España*, p. 198.
5. O que talvez seja desconcertante é que o aparente maior avanço da civilização ocidental coincida com a maior simplicidade nos vínculos entre nós e os outros seres. As relações objetivas dominantes no mundo moderno são compreensivelmente desprezadas pelos povos mesoamericanos, que tentam superá-las pela educação e outros meios. Um deles é o *peyote*, um cacto com efeitos alucinógenos muito valorizado pelos *huicholes*, que o utilizam para "aprender a ver" ao trocar posições entre "quem vê" e "o que é visto", entre "como me vê" e "como eu te vejo", adotando

NOTAS

assim "formas de intersubjetividade que levam ao conhecimento através da mesmidade e da diferenciação" (A. Aedo; P. Faba, The Act of Knowing and the Indeterminacy of the Known in Huichol Contexts (Mexico), *Social Anthropology*, v. 25, n. 2, p. 198-200). Aprender isso é uma tarefa árdua. No entanto, como veremos, permite estabelecer um vínculo empático, respeitoso e justo com a outridade: um vínculo muito diferente da dominação, exploração e aniquilação que prevaleceram na história moderna da Europa e seu prolongamento estadunidense.

6. Ver K. Marx, *Crítica da Filosofia do Direito de Hegel*; e idem, *El Capital I*.

7. Ver M. Horkheimer, *Crítica de la Razón Instrumental*; J. Habermas, *Teoría de la Acción Comunicativa*.

8. Um bom exemplo da subjetivação da doença encontra-se no *Ritual de los Bacabes*. Nessa seleção de conjuros, o curandeiro *maya* frequentemente aborda as doenças como sujeitos. Há uma passagem em que se diz literalmente que os frenesis "são seres humanos" e até mesmo "mães" e "pais" lhes são atribuídos (J. Canul, *El Ritual de los Bacabes*, p. 343). Se isso é uma metáfora, não se dá como simples figura retórica, mas como gesto simbólico no qual se constitui o próprio ser das coisas.

9. J. Julián Caballero, *Ñuu Davi Yuku Yata*, p. 66 e 71.

10. Anônimo, *Rabinal-Achí: El Varón de Rabinal*, p. 32, 33 e 34-35, respectivamente.

11. C. Lenkersdorf, *Los Hombres Verdaderos*, p. 14.

12. Ibidem, p. 27-45.

13. Ressalte-se que em espanhol, em seu funcionamento objetivo, aquele a quem digo algo é o objeto passivo de minha ação indicada pelo verbo "dizer". Em *tojolab´al*, ao contrário, estou me comunicando com outro sujeito de outra ação inseparável da minha e indicada pelo verbo "escutar". Os dois sujeitos, com suas respectivas ações emissoras e receptoras, são os participantes da relação intersubjetiva.

14. C. Lenkersdorf, *Los Hombres Verdaderos*, p. 57.

15. J. Julián Caballero, op. cit., p. 52.

16. Como disse categoricamente Iliana Yunuen Rhi (*Ñuu Savi Sini Nu'un Tiatyi*) sobre a própria cultura *mixteca*, "não há divisão sujeito-objeto porque tudo está vivo" (p. 59). O reconhecimento da vida generalizada permite estabelecer relações próximas, igualitárias e recíprocas entre os diferentes seres. Além disso, como veremos mais adiante, protege-os uns dos outros.

17. C. Lenkersdorf, *Los Hombres Verdaderos*, p. 77-82.

18. C. Lenkersdorf, *Filosofar en Clave Tojolabal*, p. 128-131.

19. Idem, *Los Hombres Verdaderos*, p. 80-81.

20. Ver M. Horkheimer; T. Adorno, *Dialéctica de la Ilustración*.

21. Ao contrário, a preservação de nossa subjetividade é indissociável da atitude mesoamericana em que se respeita a condição subjetiva de outros seres. O destino da natureza é, portanto, correlativo ao do ser humano. Essa correlação pode ser tal que o destino de um animal selvagem é também o de um ser humano inextricavelmente ligado a ele, como acontece com a figura do *nahual*, presente em quase toda a Mesoamérica: "Se ele morrer, a pessoa também morre; se adoecer, a pessoa também adoecerá." (C. Guiteras Holmes, *Diario de San Pedro Chalchihuitán*, p. 113). Assim, "quando matam um tigre nas matas, leva apenas três dias para que seu dono morra" (p. 340). Essa crença pode ser interpretada como uma forma de saber que a aniquilação de outros seres provoca irremediavelmente a aniquilação de nós mesmos.

22. L. Séjourné, *Supervivencias de un Mundo Mágico*, p. 49.

23. M.O. Marion, *Entre Anhelos y Recuerdos*, p. 163.

24. Essa privação está mediada por ideias nas quais se revelam saberes acertados sobre a transcendência e as consequências de nossos atos. Entre os *tseltales*, por exemplo, acredita-se que "quando se provoca um incêndio, o castigo é uma severa estação de secas; quando se joga lixo no rio, o castigo pode ser morrer afogado no rio; na hora de plantar, se você não pedir perdão à Mãe Terra e não fizer oferendas e orações, você pode perder a colheita" (D. Toledo Hernández, Nuestras Raíces, Nuestras Cosmovisiones, Nuestra Lengua y Formas de Organización Tseltal, *Teoría y Crítica de la Psicología*, v. 14, p. 200). Como evidenciado nessas crenças, os *tseltales* têm consciência tanto dos efeitos da agricultura na natureza quanto da relação entre o lixo dos rios e as inundações ou entre o desmatamento e a seca.

25. Ayocuan Cuetzpaltzin, ¡Qué Permanezca la Tierra!, em M. León-Portilla, *Quince Poetas del Mundo Náhuatl*, p. 297.

26. Ver K. Marx, *El Capital I*.

27. P.R. Turner, *Los Chontales de los Altos*, p. 148.

28. Como propuseram Horkheimer e Adorno (*Dialéctica de la Ilustración*), "o animismo havia dotado a coisa de uma alma, o industrialismo coisifica as almas" (p. 81). O problema de tal proposição, quando fora do contexto do conjunto da *Dialética do Esclarecimento*, é que apresenta uma sucessão de fases, do que foi ao que é, em que seria preciso ver uma diferença entre as civilizações. Em vez de considerar diferentes vínculos possíveis entre os seres, haveria uma universalização da passagem do velho animismo para o atual industrialismo, como se todos os povos seguissem o mesmo caminho, como se

não houvesse outro, como se a história da Europa fosse a história da humanidade que levaria à reificação de tudo o que é vivo. Fato é que Horkheimer e Adorno reconhecem a especificidade cultural dessa reificação, de sua origem histórica e da "antropologia ocidental" na qual ela está inserida (p. 291).

29. C. Lenkersdorf, *Los Hombres Verdaderos*, p. 106, 114, 105-113.
30. P. Pitarch Ramón, *Ch'ulel: una Etnografía de las Almas Tzeltales*, p. 55-66, 135, respectivamente.
31. A. López Austin, *Cuerpo Humano e Ideología*, p. 257.
32. Idem, *Las Razones del Mito*, p. 35.
33. Ver K. Korsch, *Marxismo y Filosofía*.
34. Ver G. Lukács, *Historia y Conciencia de Clase*.
35. Ver O.H. Yamamoto, *A Crise e as Alternativas da Psicologia*.
36. A. López Austin, *Cuerpo Humano e Ideología*, p. 257.
37. Anônimo, *Popol Vuh*, p. 31-32, 69-70, respectivamente.
38. A colonização e a modernização levaram ao que Max Weber descreveu como o "desencantamento do mundo" (*Entzauberung der Welt*). Esse desencantamento responde, como em Weber, a uma "racionalização" que nos faz imaginar que podemos excluir os "poderes ocultos e imprevisíveis" que nos cercam e dominar tudo "mediante o cálculo e a previsão" (M. Weber, *El Político y el Científico*, p. 96). Só não podemos mal interpretar aqui o que Weber chama de "racionalização". Aprofundando o conceito weberiano, devemos entendê-lo: primeiro, com uma sensibilidade de-

colonial, como uma imposição da racionalidade euro-estadunidense e não como um triunfo da razão universal (A. Quijano, Colonialidad y Modernidad/Racionalidad, *Perú Indígena*, v. 13, n. 29); segundo, com uma sensibilidade marxista, como um processo inerente ao capitalismo e não a todas as épocas da história ocidental (ver G. Lukács, *Historia y Conciencia de Clase*); terceiro, com uma sensibilidade freudiana, como uma elaboração secundária que é também uma mistificação do irracional (ver S. Freud, La Interpretación de los Sueños, *Obras Completas X*; idem, A Propósito de un Caso de Neurosis Obsesiva, *Obras Completas X*).

39. J. Soustelle, *México, Tierra India*, p. 133-134, 133, 135, respectivamente.
40. Anônimo, *Chilam Balam (Chumayel)*, p. 273.
41. O desencantamento do mundo inclui a subjetividade humana. Como bem advertiu György Lukács (*Historia y Conciencia de Clase*), o processo descrito por Max Weber penetra até a "alma" do sujeito: "inclusive suas qualidades psicológicas são separadas do conjunto de sua personalidade e são objetivadas em relação a esta última, para poderem ser integradas em sistemas especiais e racionais e reconduzidas ao conceito calculador" (*História e Consciência de Classe*, p. 202, tradução do original para o português de Rodnei Nascimento). O que resulta de tudo isso é a psicologia moderna, a ciência do nada que resta do sujeito depois que nos desencantamos dele, depois de sua racionalização euro-estadunidense, depois de sua objetivação e quantificação estatística.

6. DIÁLOGO E HORIZONTALIDADE

1. A. López Austin, *Las Razones del Mito*, p. 35.
2. D.Vásquez Monterroso; M. Urizar Natareno, El No-sujeto Sujeto, p. 9.
3. D. Hernández Ixcoy, Nuevo B'aktun, *Teoría y Crítica de la Psicología*, v. 14, p. 164.
4. Ver L. Durand, Los Mitos y la Conservación Ambiental, *Líder: Revista Labor Interdisciplinaria de Desarrollo Regional*, v. 13, n. 10.
5. Ver B. Spinoza, *Ética*.
6. Termos contrapostos coexistem no pensamento dialético mesoamericano. É o que Laurette Séjourné (*Supervivencias de un Mundo Mágico*) observou entre os *zapotecos*: "uma atitude de livre pensar que não exclui de forma alguma a aceitação de fatos que implicam a mais profunda fé" (p. 45).
7. F. Hernández, *Antigüedades de la Nueva España*, p. 164.
8. A. López Austin, op. cit., p. 34-35 e 63, respectivamente.

9. Assim, entre os *coras* e *huicholes*, "tudo é suscetível de se tornar uma divindade", tudo, "inclusive as pessoas, como quando os velhos sábios *coras* dirigem as cerimônias e nesse contexto são considerados divindades" (B.Z. González Sobrino, *Una Lectura del Cuerpo Humano como Entidad Biológica y Simbólica en el Gran Nayar*, p. 52). Os *huicholes*, como observou Carl Lumholtz (*El México Desconocido*), chamam seus deuses de "bisavós, avós e irmãos maiores", acreditam que eles assumem a forma de "pequenos seixos" e consideram que "os deuses, os animais e os ancestrais não são senão a mesma coisa" (t. 2, p. 194). Os seres humanos provêm da divindade, estão cercados por ela e podem encarná-la temporariamente ou desembocar nela, como quando acabam transformados em cristais de rocha.

10. Anônimo, Restauración de los Seres Humanos, em M. León-Portilla (ed.), *Cantos y Crónicas del México Antiguo*, p. 71.

11. Op. cit.

12. Ver *Totalité et infini*.

13. Utilizamos o conceito de "indo-europeu" dada a suposição de que há formas caracteristicamente europeias de relação com o mundo, como o objetivismo e o especismo, cujas origens podem ser rastreadas em outras regiões culturais que transcendem as fronteiras geográficas da atual Europa.

14. L. Villoro, *La Alternativa*, p. 47.

15. Essa dominação e a correlativa expectativa de obediência podem ser ilustradas por uma prece em *tsotsil*, coletada por Guiteras Holmes (*Diario de San Pedro Chalchihuitán*), na qual se diz a quem é designado para um cargo: "você tem que obedecer; é enviado das montanhas, enviado da terra, enviado do céu", para que "cuide da terra para que outros não a tomem, e das montanhas para que não as transformem em milharal" (p. 135). O cargo, que inclui a proteção da natureza, é aqui ordenado pela própria natureza. É ela quem domina e à qual deve se obedecer.

16. Las Flores y los Cantos, em M. León-Portilla, *Quince Poetas del Mundo Náhuatl*, p. 299.

17. A. López Austin, op. cit., p. 98.

18. Essa relação pode ser ilustrada por uma anedota que uma mulher *lakandon* contou a Marie-Odile Marion (*Entre Anhelos y Recuerdos*): depois que os deuses não ajudaram sua mãe a se curar, seu pai não voltou a cantar, rezar e nem a falar com eles, ele parou de "lhes presentear mingau" e abandonou em uma gruta as panelas com que os alimentava, "para que morressem" (p. 57).

19. A. López Austin, op. cit., p. 37.

20. Ver P. Carrasco; J. Broda, *Estratificación Social en la Mesoamérica Prehispánica*.

21. B. de Sahagún, *Historia General de Cosas de Nueva España*, p. 533-534.

22. Podemos ilustrar esse ideal normativo com o que Fernando de Alva Ixtlilxóchitl (*Historia de la Nación Chichimeca*) nos conta sobre o poeta-monarca Nezahualcóyotl. Depois que uma criança lhe explicou que o rei era "um homenzinho miserável que tira dos homens o que Deus lhes dá de graça", o *tlatoani* de Texcoco "ordenou que todos entrassem nas montanhas e aproveitassem das madeiras e lenhas que havia nelas" (p. 185-186). Nezahualcóyotl também "saía para um mirante que dava na praça, para ver as pessoas miseráveis que vendiam nela, e vendo que não vendiam, não queria se sentar para comer até que seus mordomos tivessem comprado tudo quanto vendiam pelo dobro do preço, para doar para outros", como doentes, viúvas e órfãos (p. 187-188). Esta segunda anedota é um bom exemplo da função redistributiva do Estado nas sociedades pré-hispânicas.

23. E. Wolf, *Pueblos y Culturas de Mesoamérica*, p. 201.

24. O povo *mixteco* erige vários desses meios niveladores em princípios de convivência: o *ndoo*, nós antecede o eu; o *na kundeku tnaae*, hospitalidade ou irmanação; o *na chindee tna'ae'*, solidariedade ou apoio mútuo; o *da'an ó Sa'a*, ajuda aos necessitados; o *tinu ñuú*, o cargo "de caráter obrigatório para o benefício comum"; e o *viko ñuú*, a festa do povoado, que "é o momento do perdão" e "gera uma rede de apoio que fortalece a organização social" (F. López Bárcenas, Principios Filosóficos del Derecho Ñuúsavi, *Umbral*, n. 4, p. 123-126).

25. G. Bonfil Batalla, *México Profundo*, p. 68-70.

26. Tudo isso logicamente chamou a atenção da comunista Laurette Séjourné (op. cit.), que sublinhou como os *zapotecos* ignoravam "a injustiça e a sujeição social" (p. 85), enquanto a comunidade *huave* parecia responder "ao tipo de sociedade ideal: sem propriedade privada dos meios de produção, sem exploração do trabalho", sem outra dependência que não a da "ajuda mútua", com "autoridade assumida e estritamente controlada pelo povo", com "todos vivendo com um mesmo padrão" e não "cobiçando" nenhuma fortuna (p. 90).

27. D. Vásquez Monterroso; M. Urizar Natareno, op. cit., p. 6.

28. C. Incháustegui, *El Entorno, el Hombre, la Enfermedad y la Muerte*, p. 82-88.

29. C. Guiteras Holmes, *Diario de San Pedro Chalchihuitán*, p. 71.

30. As origens do mito remontam aos tempos da conquista, quando os religiosos argumentavam que a violência dos conquistadores não era necessária para subjugar alguns indígenas, submissos por sua própria natureza. Talvez quem mais tenha enfatizado e exagerado essa ideia tenha sido o bispo de Michoacán, Vasco de Quiroga (Información en Derecho, em P. Serrano Gassent (ed.), *Vasco de Quiroga: La Utopía en América*), que descreveu os indígenas mesoamericanos como "dóceis e obedientes" (p. 184), como seres que não ofereciam qualquer "resistência" (p. 188), sendo feito de uma matéria "dócil" e "suave" como a "cera mole" (p. 210). O que aparecia como cera nada mais era do que a disposição para uma convivência comunitária que foi rompida desde o primeiro momento pelos conquistadores espanhóis.

31. C. Lenkersdorf, *Los Hombres Verdaderos*, p. 80-81.

32. R. Pozas, *Juan Pérez Jolote: Biografía de un Tzotzil*, p. 80 e 84, respectivamente.

33. Há fatores adicionais de complexidade nessa situação habitual e bastante ritualizada nas comunidades *tsotsiles*. Como Guiteras Holmes (*Los*

Peligros del Alma) mostrou, "a maior ambição de um homem é a de desempenhar um cargo", mas ao mesmo tempo "um cargo é aceito com relutância: o homem que realmente o deseje recusará duas vezes e só aceitará quando lhe falarem pela terceira vez; proclama sua pobreza, expressa o desejo de adiar o assunto ou ameaça ir embora como mendigo às fazendas de café" (p. 73-74). Quem se obstina a rejeitar um cargo teme o castigo da "Terra Santa" que o visita em sonhos e pode ser encarcerado e receber as recriminações dos anciãos e superiores, que lhe dirão que "todo homem deve servir a seu povo, e aquele que não quiser deve ir viver em outro lugar" (p. 73).

7. HUMILDADE

1. B. de Sahagún, *Historia General de Cosas de Nueva España*, p. 414-415.
2. Anônimo, *Popol Vuh*, p. 32-39, 69, 75, 34, 45, respectivamente.
3. Anônimo, *Rabinal-Achí: El Varón de Rabinal*, p. 57-63 e 71, respectivamente.
4. Principal dirigente religioso do império *p'urhépecha*. Entre suas funções estão a de julgar os delinquentes, encabeçar as principais festividades e administrar a lenha para o deus do fogo. (N. da T.)
5. J. de Alcalá, *Relación de Michoacán*, p. 158-159.
6. F. Hernández, *Antigüedades de la Nueva España*, p. 95.
7. B. de Sahagún, op. cit., p. 330.
8. A. de Olmos, *Huehuehtlahtolli: Testimonios de la Antigua Palabra*, p. 285, 295, 297, 427-428, respectivamente.
9. Ibidem, p. 429.
10. B. de Sahagún, op. cit., p. 337-338.
11. O ideal mesoamericano de humildade se transmite de geração em geração e persiste após a conquista e os tempos coloniais. Ao caracterizar a pessoa modelo para os *mazahuas* do século XX, Alicja Iwanska (*Purgatorio y Utopía*) destaca sua "grande modéstia" pela qual "não se vangloria de seus triunfos ou boa sorte" (p. 115). De modo análogo, Calixta Guiteras Holmes (*Los Peligros del Alma*) nos informa que para todo *tsotsil* de San Pedro Chenalhó "é prescrito alcançar com sua vida o tipo ideal de personalidade, o humilde", o que implica "viver em paz com o mundo e com seus semelhantes, e servir a seu povo" (p. 238).
12. Anônimo, *Chilam Balam (Chumayel)*, p. 101.
13. D. Sodi, *La Literatura de los Mayas*, p. 86.
14. M. León-Portilla, *Obras: Tomo XII*, p. 263.
15. Ibidem, p. 261.
16. Bartolomé de Las Casas, em *Brevísima Relación de la Destruición de las Indias*, nos oferece o retrato do conquistador que se caracterizava pela sua "insaciável ganância e ambição" e que "tinha como seu fim último o ouro e encher-se de riquezas" (p. 19). Esse conquistador inaugura o que o *Chilam Balam* chamou de "império da ganância", descrevendo-o como um regime de "roubo" e "ruína", de "apressado arrebatar de bolsas", de "guerra rápida e violenta dos ladrões gananciosos", de "excesso de dor e excesso de miséria pelo tributo cobrado com violência", de "despovoamento" e "destruição dos povos pelo cúmulo da ganância", pelo "cúmulo dos despojos dos mercadores, cúmulo da miséria em todo o mundo" (Anônimo, *El Libro de los Libros del Chilam Balam*, p. 22-23, 33-34, 41, 68, 98).
17. A. de Olmos, op. cit., p. 321.
18. L. Séjourné, *Supervivencias de un Mundo Mágico*, p. 91.
19. Em um caso extremo, como o dos grupos *lakandones* estudados por Soustelle (*México, Tierra India*), "não há propriedade permanente" e só "se possui aquilo que é útil, e praticamente não se possui, apenas na medida em que o usa", além de "usá-lo para uma coletividade" (p. 218). O valor de uso coletivo é, portanto, o principal valor das coisas. Possuí-las só faz sentido se for para usá-las. A utilidade é mais importante que a propriedade. Isso, para Soustelle, protege os *lakandones*, mantendo-os "resguardados da maioria de nossas rivalidades, de nossos ciúmes e de todas as desgraças que a propriedade privada do ocidental acarreta necessariamente" (p. 221).
20. Nezahualcóyotl, Cantos, em J.L. Martínez (ed.), *Nezahualcóyotl*, p. 222.
21. Temilotzin, Poema, em M. León-Portilla, *Quince Poetas del Mundo Náhuatl*, p. 269.
22. F. López Bárcenas, *Principios Filosóficos del Derecho Nuúsavi, Umbral*, n. 4, p. 123.
23. Paul R. Turner notou esses dois efeitos benéficos em suas pesquisas com *chontales* do povo de Oaxaca de San Matías Petacaltepec. Aqui, segundo Turner (*Los Chontales de los Altos*), "o *chontal* adulto é generoso com o que tem, e não há dúvida de que esse traço tem valor para a sobrevivência de um povo cuja base de subsistência é precária", e ainda, "justamente porque são generosos, os *chontales* não acumulam bens materiais de forma que supere os demais" (p. 147). Como outros povos originários da Mesoamérica, os *chontales* optam pela igualdade e generosidade onde a civilização europeia moderna e capitalista escolhe a desigualdade e a acumulação.
24. Y. Velázquez Galindo, *Porque Venimos a este Mundo a Ayudarnos*, p. 61-62.

25. Na contracorrente da psicologia predominante, o desprendimento já orientou a práxis comunitária de alguns psicólogos latino-americanos generosamente comprometidos com as necessidades e aspirações dos povos originários. O mesmo desprendimento poderia ser um critério da psicologia crítica para questionar o indivíduo assertivo, possessivo e competitivo que é promovido nos modelos psicológicos dominantes. Esses modelos devem ser postos à prova do que aprendemos com os saberes ancestrais da Mesoamérica.

8. VIDA E MORTE

1. A. López Austin, *Las Razones del Mito*, p. 101, 100-101, respectivamente.
2. J. Arias, *El Mundo Numinoso de los Mayas*, p. 77.
3. Ayocuan Cuetzpaltzin, Las Flores y los Cantos, em M. León-Portilla, *Quince Poetas del Mundo Náhuatl*, p. 299.
4. Xayacámach, Oh Amigos, os Ando Buscando, em M. León-Portilla, *Quince Poetas del Mundo Náhuatl*, p. 315.
5. É o caso dos antigos *nahuas*, mas também de outros povos indígenas mesoamericanos, desde a época pré-hispânica até os dias de hoje. A cultura *lakandona*, por exemplo, continua parecendo para Marie-Odile Marion (*Entre Anhelos y Recuerdos*) um "hino à vida" justamente porque exige uma luta cotidiana para não morrer, para "desvanecer as sombras letais" e adiar o "cataclismo final", em um "equilíbrio perpétuo entre a vida e a morte" (p. 116). A aproximação da morte garante a valorização da vida.
6. Cuacuauhtzin, Canto Triste de Cuacuauhtzin, em M. León-Portilla, *Quince Poetas del Mundo Náhuatl*, p. 159.
7. Tlaltecatzin, Poema, em M. León-Portilla, *Quince Poetas del Mundo Náhuatl*, p. 103.
8. Nezahualcóyotl, Cantos, em J.L. Martínez (ed.), *Nezahualcóyotl*, p. 200.
9. A.M. Garibay, *Poesía Indígena*, p. 104 e 132, respectivamente.
10. T. Gómez Fernández, *Los Tseltales lo Saben*, p. 43-44.
11. C. Felipe Cruz, *Fundamentos de la Normatividad Social de la Cultura P'urhépecha*, p. 254.
12. B. de Sahagún, *Historia General de Cosas de Nueva España*, p. 331.
13. Ibidem, p. 342-345, 385.
14. O difrasismo é uma construção gramatical tipicamente mesoamericana em que dois termos diferentes, ao aparecerem juntos, constituem uma terceira unidade com um valor metafórico e com um significado próprio diferente do de cada um dos termos que a compõe. Por exemplo, para designar "*gente de a pie* (pessoas simples, humildes, comuns, que caminham a pé)", os nahuas utilizavam o difrasismo "*in cuitlapilli in ahtlapalli*", que significa literalmente "*la cola, el ala* (o rabo, a asa, significando o povo, as pessoas comuns)". (N. da T.)

15. A.M. Garibay, op. cit., p. 132.
16. Nezahualcóyotl, Cantos, em J.L. Martínez (ed.), *Nezahualcóyotl*, p. 200.
17. Ayocuan Cuetzpaltzin, Las Flores y los Cantos, em M. León-Portilla, *Quince Poetas del Mundo Náhuatl*, p. 301.
18. Essa materialidade poética da vida na Mesoamérica cumpre um ideal compartilhado nas décadas de 1920 e 1930 por diversos expoentes da vanguarda estético-política de inspiração marxista e freudiana. Oswald de Andrade (Manifesto Antropofágico, em J. Schwartz (comp.), *Las Vanguardias Latinoamericanas*) buscava a poesia "nos fatos" (p. 167), enquanto Karel Teige (Manifeste du poétisme, *Liquidation de l'art*) queria fazer poemas "com a vida" (p. 87) e Tristan Tzara (Essai sur la situation de la poésie, *Grains et Issues*) aspirava a um "estado poético" que era associado aos povos descritos como "primitivos" e a "sociedade comunista" do porvir (p. 276-282). Nos três casos, como tentei mostrar em outro lugar, reivindica-se uma ideia profundamente incompatível com a psicologia e seu dualismo: uma ideia monista e materialista da vida como pura imanência literal, como obra de arte ou poesia que se basta por si só, sem necessidade de um significado transcendente (D. Pavón-Cuéllar, Psicopolítica Surrealista, *Revista de Ciencias Sociales*, n. 130). É o que encontramos realizado nos povos mesoamericanos que assimilam sua existência à flor e ao canto, que transformam seus utensílios nos mal chamados "artesanatos" e que motivam Carl Lumholtz (*El México Desconocido*) a se perguntar por que os *huicholes* "usam a arte naquilo que fabricam para seu dia a dia, enquanto o homem civilizado requer que seja induzido à apreciação artística" (t. 2, p. 229). O explorador norueguês não responde, mas faz outra pergunta que deve ser levada a sério: "haverá, talvez, algum extravio em nossa decadente civilização?" (p. 230).
19. M. León-Portilla, *Obras: Tomo XII*, p. 175, 175-176, 218, respectivamente.
20. B. de Sahagún, op. cit., p. 198.
21. Nezahualcóyotl, Cantos, em J.L. Martínez, *Nezahualcóyotl*, p. 210.
22. Ayocuan Cuetzpaltzin, Las Flores y los Cantos, em M. León-Portilla, *Quince Poetas del Mundo Náhuatl*, p. 300.

153

23. Tochihuitzin Coyolchiuhqui, Vinimos a Soñar, em M. León-Portilla, *Quince Poetas del Mundo Náhuatl*, p. 213.
24. Ibidem.
25. B. de Sahagún, op. cit., p. 337 e 331, respectivamente.
26. Nezahualcóyotl, Estoy Triste, em M. León-Portilla, *Quince Poetas del Mundo Náhuatl*, p. 139.
27. Idem, Cantos, em J.L. Martínez, *Nezahualcóyotl*, p. 178, 197, 202, 205, respectivamente.
28. Ibidem, p. 198.
29. B. de Sahagún, op. cit., p. 198.
30. Essa noção de vida ainda está presente nos povos mesoamericanos. Lumholtz já nos dizia que os *huicholes* representam a vida como "algo que está pendurado em algum lugar e que deve ser alcançado continuamente" (op. cit., p. 202). Essa bela imagem resume o esforço, a fugacidade e a incerteza da vida.
31. P. Weștheim, *La Calavera*, p. 40, 46, 10-12, respectivamente.
32. Na região mesoamericana, as cidades pré-hispânicas de Tula e Texcoco são os centros culturais respectivos dos civilizados *toltecas* e dos aguerridos *chichimecas*, assim como das divindades que lhes correspondem, Quetzalcóatl e Tezcatlipoca.
33. Ibidem, p. 40, 16-17, respectivamente.
34. Cuacuauhtzin, Canto Triste de Cuacuauhtzin, em M. León-Portilla, *Quince Poetas del Mundo Náhuatl*, p. 159.
35. Nezahualcóyotl, Estoy Triste, em M. León-Portilla, *Quince Poetas del Mundo Náhuatl*, p. 186.
36. Nezahualcóyotl, Cantos, em J.L. Martínez (ed.), *Nezahualcóyotl*, p. 204.
37. Ibidem, p. 203, 204, 211, respectivamente.

38. Ver Tlaltecatzin, Poema, em M. León-Portilla, *Quince Poetas del Mundo Náhuatl*.
39. B. de Sahagún, op. cit., p. 198.
40. Ibidem, p. 198-201.
41. Chichicuepon de Chalco, El Poema de Chichicuepon. Así Vino a Perecer Huexotzinco, em M. León-Portilla, *Quince Poetas del Mundo Náhuatl*, p. 343.
42. Nezahualcóyotl, Cantos, em J.L. Martínez, *Nezahualcóyotl*, p. 200.
43. Ayocuan Cuetzpaltzin, Las Flores y los Cantos, em M. León-Portilla, *Quince Poetas del Mundo Náhuatl*, p. 300.
44. Chichicuepon de Chalco, El Poema de Chichicuepon, em M. León-Portilla, *Quince Poetas del Mundo Náhuatl*, p. 343.
45. A. Peñafiel, *Nomenclatura Geográfica de México*, p. 181.
46. P. Westheim, op. cit., p. 35, 27, 28-29, respectivamente.
47. A. López Austin, *Cuerpo Humano e Ideología*, p. 288.
48. Nezahualpilli, Canto de Nezahualpilli, em M. León-Portilla, *Quince Poetas del Mundo Náhuatl*, p. 179-185.
49. M. León-Portilla, *Obras: Tomo XII*, p. 158-159.
50. O mundo moderno também se baseia no sacrifício, mas traz o fim do mundo em vez de evitá-lo mediante um perspicaz mecanismo sacrificial de regulação demográfica. Em vez de um deus protetor como Huitzilopochtli, o capital está devastando o mundo e preparando nossa extinção enquanto "se alimenta como um vampiro" de nossa vida que lhe damos em sacrifício. (K. Marx, *El Capital I*, p. 179.)

9. MATERIALISMO E MONISMO

1. A. López Austin, *Cuerpo Humano e Ideología*, p. 282.
2. Idem, *Las Razones del Mito*, p. 100.
3. Idem, *Cuerpo Humano e Ideología*, p. 282.
4. Convém considerar aqui o gênero feminino da terra, a mãe terra, que se associa com a sexualidade. Os elementos sexual e feminino-materno estão indissoluvelmente unidos no pensamento mesoamericano. Basta recordar o *Ritual de los Bacabes* (J. Canul, *El Ritual de los Bacabes*) e a equivalência que estabelece entre a "mãe" (*naa*) e a "luxúria" (*cool*) (p. 367-368). É como se a sexualidade fosse essencialmente feminina e irremediavelmente maternal, o que, aliás, não está longe de algumas intuições profundas da psicanálise.
5. M. León-Portilla, *Obras: Tomo XII*, p. 235.
6. J. Arias, *El Mundo Numinoso de los Mayas*, p. 78.
7. Laurette Séjourné (*Pensamiento y Religión en el México Antiguo*) descreveu muito bem essa sacralização da matéria em sua análise dos sacrifícios humanos dos astecas, descobrindo neles um "materialismo" no qual um "coração fisicamente desnudado pela imolação é revestido de uma alta potência sagrada" (p. 141). A sacralização do coração em sua materialidade é a mesma que opera em relação a todos os seres que rodeiam o sujeito. O panteísmo e o animismo constituem formas de materialismo. A falta de ideologia religiosa não equivale aqui a uma falta de sacralidade ou religiosidade, e menos ainda a uma falta de espiritualidade. Ao contrário, vimos que tudo está espiritualizado na Mesoamérica. A falta de espírito é antes um mal do mundo moderno europeu obcecado com a ideologia religiosa. Como já dizia Karl Marx (En Torno a la Crítica de la Filosofía del Derecho de Hegel, *Escritos de Juventud*): "A miséria religiosa consti-

tui ao mesmo tempo a expressão da miséria real e o protesto contra a miséria real. A religião é o suspiro da criatura oprimida, o ânimo de um mundo sem coração, assim como o espírito de estados de coisas embrutecidos." (*Crítica da Filosofia do Direito de Hegel*, p. 151, tradução do original para o português de Rubens Enderle e Leonardo de Deus.)

8. Anônimo, *Popol Vuh*, p. 104.

9. Essa ideia se manifesta de forma extraordinariamente poética na atual cultura *totonaca*, na qual um dos nomes do milho é *kin tiyatliway*, o que pode ser traduzido como "nosso corpo" ou, melhor ainda, como "nossa carne da terra", visto que *tiyatliway* significa literalmente "carne da terra" (El Espíritu del Maíz, *Nuevo Mundo Mundos Nuevos*, par. 15). Nossa carne da terra, portanto, não é apenas nosso corpo, mas também envolve nossa alma, *listakni* (par. 17). Toda nossa subjetividade é feita de milho e de terra, o que motiva o curandeiro a usar esses mesmos ingredientes para curá-la quando adoece.

10. Anônimo, Restauración de los Seres Humanos, em M. León-Portilla (ed.), *Cantos y Crónicas del México Antiguo*, p. 69-71.

11. F. Hernández Arana; F. Díaz, Memorial de Sololá: Anales de los Cakchiqueles, *Memorial de Sololá*, p. 54.

12. Ver B. Spinoza, *Ética*.

13. Ver K. Marx; F. Engels, *La Ideología Alemana*.

14. Ver C. Darwin, *El Origen del Hombre*.

15. Ver S. Freud, Tótem y Tabú, *Obras Completas* XIII.

16. F. Hernández Arana; F. Díaz, Memorial de Sololá: Anales de los Cakchiqueles, *Memorial de Sololá*, p. 54.

17. Ao contrário do sujeito humano moderno de raízes europeias e estadunidenses, o mesoamericano não tende a se identificar com sua alma e se distanciar de seu corpo, mas assimila-se principalmente à sua existência corporal e, às vezes, deve se opor a entidades anímicas invasoras que o ameaçam de dentro e de fora, como Pedro Pitarch Ramón (*Ch'ulel: una Etnografía de las Almas Tzeltales*) mostrou muito bem entre os *tseltales* de Cancuc. Víctor Vacas Mora (Morfologías del Mal, *Indiana*, n. 25) tem razão ao atribuir ao pensamento mesoamericano, na ocasião de seu trabalho sobre os *totonacos*, uma visão em que "a corporeidade deve submeter à imaterialidade compositiva que insufla no organismo as pulsões e inclinações de índoles muito diversas baseadas na multiplicidade de essências que povoam o indivíduo" (p. 209-210). O indígena mesoamericano sabe muito bem que seu próprio ser não reside tanto na ideologia que o possui e o aliena como no corpo que vive e resiste contra ela.

18. Anônimo, *Rabinal-Achí*, p. 37.

19. J. Canul, *El Ritual de los Bacabes*, p. 269, 313, 327, 355.

20. M.A. Morales Damián, Uinicil Te Uinicil Tun: La Naturaleza Humana en el Pensamiento Maya, *Estudios de Cultura Maya*, n. 29, p. 97.

21. E. Medina Huerta, Mintsita ka Tsipekua. *Teoría y Crítica de la Psicología*, n. 10, p. 248 e 247, respectivamente.

22. M. Foucault, *Surveiller et punir*, p. 38.

23. Ver D. Pavón-Cuéllar, Marx's Destruction of the Inner World, *Crisis and Critique*, v. 3, n. 3.

24. K. Holzkamp, Psychology: Social Self-Understanding on the Reasons for Action in the Conduct of Everyday Life, em E. Schraube; U. Osterkamp (ed.), *Psychology from the Standpoint of the Subject*, p. 244-264.

25. Aqui nos interessa especialmente a forma como esse materialismo se expressa nas concepções mesoamericanas de subjetividade, sem esquecer que tem outras expressões, entre elas as físicas e cosmológicas. Talvez uma de suas expressões mais eloquentes seja a noção *maya yucateca* "*ik*", que designa literalmente os ares ou ventos em sua materialidade, assim como os antepassados míticos e outros entes espirituais ou energéticos assimilados a esses ares. O espírito é aqui um atributo do material. Boccara e Pech Witz (El Conocimiento de los Meno'ob y el Poder del Aire [Ik'], *Estudios de Cultura Maya*, v. 55, n. 1) têm razão ao afirmar que o "*ik*", que pode ser traduzido tanto por ar quanto por "energia psíquica ou psicocósmica", é o que os "materialistas chamam de matéria" e não está longe da forma como a física contemporânea hipoteticamente representa as partículas materiais como "interações energéticas e fluxos de energia cósmica" (p. 282).

26. E. Medina Huerta, op. cit., p. 235 e 245, respectivamente.

27. E. Acosta Márquez, La Relación del Itonal con el Chikawalistli en la Constitución y Deterioro del Cuerpo entre los Nahuas de Pahuatlán, Puebla, *Dimensión Antropológica*, v. 20, n. 58, p. 121.

28. G. León Vega, Calor, Corazón y Personalidad entre los Nahuas de San Pedro Xolotla, *Cuicuilco*, v. 24, n. 70, p. 204.

29. A. López Austin, *Cuerpo Humano e Ideología*, p. 296.

30. J. Arias, *El Mundo Numinoso de los Mayas*, p. 48.

31. Essa inversão ideológica, criticada pelo jovem Marx (Crítica de la Filosofia del Derecho de Hegel, *Escritos de Juventud*), permite a Platão manter o funcionamento real da alma como prisão do corpo. Em contraste, entre os indígenas mesoamericanos, o corpo escapa da alma da qual não se distingue. De fato, para ser exato, o corpo nem precisa escapar por algum lado, já que sabe que é aquilo, o que, por conseguinte, não o aprisiona.

32. M.A. Morales Damián, Uinicil Te Uinicil Tun, *Estudios de Cultura Maya*, n. 29, p. 89.
33. G. Bonfil Batalla, *México Profundo: Una Civilización Negada*, p. 25.
34. W.R. Holland, Psicoterapia Maya en los Altos de Chiapas, *Estudios de Cultura Maya*, n. 3, p. 266.
35. C. Guiteras Holmes, *Los Peligros del Alma*, p. 121.
36. L. Séjourné, *Supervivencias de un Mundo Mágico*, p. 44.
37. A. Ghidinelli, El Sistema de Ideas Sobre la Enfermedad en Mesoamérica, *Revista Médica Hondureña*, v. 4, n. 52, p. 240.
38. Ibidem, p. 241.
39. M. Castaldo, Susto o Espanto, *Dimensión Antropológica*, v. 32, n. 3, p. 37.
40. A vulnerabilidade, na realidade, não é apenas da alma sem corpo, mas também do corpo sem alma. Como mostrou Joseph W. Whitecotton (*Los Zapotecos: Príncipes, Sacerdotes y Campesinos*) entre os *zapotecos*, o susto pelo qual "a alma sai do corpo" faz que "o corpo perca um de seus mecanismos de defesa e o indivíduo se torne vulnerável" (p. 294-295). Digamos que a vulnerabilidade esteja na separação entre a alma e o corpo. É justamente a isso que se referia o surrealista francês René Crevel (*Le Clavecin de Diderot*), quando acusou a psicologia de dividir o anímico do corporal para servir à dominação capitalista e à sua estratégia de "*divide et impera*" (p. 130).
41. O "charro" com seu cavalo e seu chapéu de abas largas é um dos ícones da mexicanidade. Sua figura se associa geralmente à mestiçagem e à propriedade da terra. (N. da T.)
42. O. Muñoz Morán, El Diablo y la Enfermedad, *Nuevo Mundo Mundos Nuevos*, par. 26. Disponível em: <http://journals.openedition.org/nuevomundo/61215>.
43. P. Pitarch Ramón, *Ch'ulel: Una Etnografía de las Almas Tzeltales*, p. 63-68.
44. Esses esforços começam com a evangelização, no século XVI, quando os religiosos espanhóis tentaram arrancar uma alma incorpórea e imortal do corpo dos indígenas mesoamericanos. Semelhante tentativa prontamente aparece nos *huehuehtlahtolli*, quando Jesus Cristo, situado significativamente "dentro da alma", irrompe conjuntamente a afirmações dualistas inéditas como "mesmo que seu corpo morra, sua alma não morrerá" ou "ainda que seu corpo seja curado, sua alma nunca o será" (A. Olmos, *Huehuehtlahtolli: Testimonios de la Antigua Palabra*, p. 475-483). É evidente que a evangelização dos indígenas mesoamericanos foi também uma interiorização da alma, do psiquismo, que mais tarde se tornaria o objeto da psicologia, como tentei mostrar em outro lugar (ver D. Pavón-Cuéllar, Marx's Des-

truction of the Inner World, *Crisis and Critique*, v. 3, n. 3). É necessário entender que a psicologia não pode ser indígena na Mesoamérica porque foi algo contra o que resistiram os indígenas.
45. J. Canul, op. cit., p. 384.
46. Em outras palavras, o sintoma é descoberto como significante e não como signo de outra coisa. O psicanalista francês Jacques Lacan atribuiu essa descoberta à "operação freudiana" com a qual se completa a invenção do sintoma de Marx, que ainda via o sintoma como signo, como "representação da verdade", e não como a verdade em si, isto é, como o significante que "só é interpretado na ordem do significante" (J. Lacan, Do Sujeito Enfim em Questão, *Escritos I*, p. 235, tradução do original para o português de Vera Ribeiro). É nessa ordem simbólica que os *mayas* deciframm o símbolo, excluindo um além dele, confrontando-o como aquilo que está adoecendo o sujeito. É a mesma coisa que segue fazendo atualmente o xamã *tseltal*, que usa a palavra para combater a "palavra" que "produz dor" e com a qual a "loucura foi pronunciada" (P. Pitarch Ramón, *La Palabra Fragante*, p. 34-35). Comentando esse canto xamânico, Pedro Pitarch Ramón considera que "o significante e o significado se tornam um só" (p. 28). É uma forma de afirmar que existem apenas significantes e que seus aparentes significados também são significantes. Admitiremos que os xamãs mesoamericanos já sabiam o que foi preparado por Marx, descoberto por Freud e explicitado por Lacan?
47. P. Pitarch Ramón, *La Palabra Fragante*, p. 35.
48. Ibidem, p. 34.
49. C. Lévi-Strauss, *Les Structures élémentaires de la parenté*, p. 231.
50. R. Martínez González, El Alma de Mesoamérica, *Journal de la Société des Américanistes*, t. 93, n. 2, p. 26-32.
51. O. Fals Borda, Experiencias Teórico-prácticas, *Una Sociología Sentipensante para América Latina*, p. 317-318.
52. M.E. Vicente Xiloj, El Legado de las Abuelas y Abuelos, *Teoría y Crítica de la Psicología*, v. 14, p. 184.
53. G. Bourdin, *Las Emociones Entre los Mayas*, p. 95-96.
54. P. Johansson, El Sentido y los Sentidos de la Oralidad Náhuatl Prehispánica, *Acta Poética*, v. 26, n. 1-2, p. 522-525, 524, 525, respectivamente.
55. M. Heidegger, *Ontología: Hermenéutica de la Facticidad*, p. 51-52.
56. A aprendizagem pode ser uma verdadeira iniciação, como sucede entre os *huicholes* que recorrem ao *hikuri*, ou *peyote*, e também a outros meios, para desenvolver seu *iyari*, seu coração, que é "o

centro do pensamento" e "comporta a capacidade de fazer as coisas, e é justamente aí onde sentimento e pensamento se unem" (L.E. Islas Salinas, Persona Sana, Persona Enferma, *Gaceta de Antropología*, v. 25, n. 2, p. 4. Disponível em: <https://digibug.ugr.es/handle/10481/6909>).

57. J.C. Zavala Olalde, La Noción General de Persona, *Revista de Humanidades*, n. 27-28, p. 309.

58. F. Díaz Infante, *La Educación de los Aztecas*, p. 118-119.

59. Serpente Emplumada. Representação de Quetzalcóatl dos *toltecas* e *nahuas*, mas também do Coo Dzahui *mixteco*, o Kukulkán *maya yucateco*, e Gucumatz ou Tohil *maya quiche*, além de outras divindades mesoamericanas. Em seu simbolismo profundo, a serpente significa a terra e o inframundo, enquanto as plumas remetem ao ar e ao céu.

60. O sistema é perfeitamente coerente: alcançamos a unidade ao nos educar, a perdemos ao ficar doentes ou afetados, a recuperamos ao nos curar. A cura é um processo unificador equivalente à educação, a qual, para os povos mesoamericanos, também deve unir o corporal com o anímico. Entre os *tsotsiles*, por exemplo, "educar-se é trazer a alma ao corpo", ao passo que "tudo o que debilita essa consciência de si (como é o caso do medo, a abstração ou a concentração em

10. DIALÉTICA E COMPLEXIDADE

1. J.M. Flores Osorio, Para Comprender el Mundo Maya Después del 13 Baktún, *Teoría y Crítica de la Psicología*, v. 14, p. 22.

2. J. de Alcalá, *Relación de Michoacán*, p. 12.

3. A. de Niza, Historia de los Mexicanos, em A.M. Garibay Kintana (ed.), *Teogonía e Historia de los Mexicanos*, p. 108.

4. Ver S. Millán, *Los Huaves*.

5. Uma bela ilustração de respeito ao feminino pode ser encontrada já no *Rabinal-Achí*, onde "Mãe, Senhora" é usado como epíteto para designar o que merece consideração e admiração (Anônimo, *Rabinal-Achí: El Varón de Rabinal*, p. 57).

6. M. Palacios de Sámano, Biografía y Mito de Quetzalcóatl, *Anuario de Letras: Lingüística y Filología*, v. 19, p. 164.

7. M. León-Portilla, *Obras: Tomo XII*, p. 127-129, 130-132, respectivamente.

8. Ibidem, p. 184.

9. A. de Olmos, Historia de los Mexicanos, em A.M. Garibay Kintana (ed.), *Teogonía e Historia de los Mexicanos*, p. 25.

10. T. Gómez Fernández, *Los Tseltales lo Saben*, p. 43.

11. C. Lenkersdorf, *Los Hombres Verdaderos*, p. 168.

12. C.M. Vásquez García, Miradas de las Mujeres

algo alheio ao eu, ou a distração) se descreve em termos de uma alma que abandona o corpo" (J. Arias, *El Mundo Numinoso de los Mayas*, p. 55). A separação dualista entre o corporal e o anímico, a mesma da qual se origina o psicológico, é entendida aqui significativamente como uma falta de autoconsciência. Talvez possamos dizer, então, que certa inconsciência está na origem da psicologia que mais tarde se apresenta paradoxalmente como a autoconsciência de todos os povos (ver C. Ratner; D. Pavón-Cuéllar; K.M. Ríos-Martínez, The Politics of Realism and Social Constructionism in Psychology. *Psychotherapy and Politics International*, v. 18, n. 1). Se a civilização europeia acredita ser autoconsciente de toda a humanidade, é, evidentemente, devido à inconsciência. É interessante que essa inconsciência implique de alguma forma o dualismo do objeto da psicologia: da alma inconsciente de seu corpo, da coisa pensante cartesiana que deve se desprender da coisa extensa, de seu corpo e de seu mundo com sua "determinação espacial e temporal", para poder se universalizar e usurpar a autoconsciência universal, como bem observou Ramón Grosfoguel (Descolonizando los Universalismos Occidentales, em S. Castro-Gómez; R. Grosfoguel (eds.), *El Giro Decolonial*, p. 63-64).

Ayuujk, em R.A. Hernández; A. Canessa, (eds.), *Complementariedades y Exclusiones en Mesoamérica y los Andes*, p. 324.

13. P. Gallardo Arias, *Ritual, Palabra y Cosmos Otomí*, p. 47.

14. G. Bonfil Batalla, *México Profundo*, p. 59.

15. E. Wolf, *Pueblos y Culturas de Mesoamérica*, p. 197.

16. A igualdade, em geral, parece ter sua expressão mais fundamental na igualdade de gênero. Como dizia Marx (*Manuscritos: Economía y Filosofía*), "a relação do homem com a mulher é a relação mais natural, imediata e necessária do homem com o homem" (p. 142). Até mesmo os vínculos do ser humano com outros seres poderiam ser baseados nas relações de gênero, nas quais a igualdade reveste a forma do matriarcado, como bem explicou Engels (*El Origen de la Familia, de la Propiedad Privada y del Estado*) em seu momento. Referindo-se à explicação engelsiana, Jacques Soustelle (*México, Tierra India*) apreciou isso muito bem no contexto mesoamericano, especialmente na zona *otomí*, onde a mulher, segundo ele, teria "permanecido à frente da família, dirigindo os filhos como lhe satisfaz", e pela mesma razão não seria vista como na Europa, como "a eter-

na menor, mas como a igual, que reina em seu domínio como o homem no dele", o que seria correlativo da ausência de "opressão em todas as suas formas" (p. 62). A horizontalidade mesoamericana repousaria então na igualdade nas relações de gênero assegurada pelo poder feminino nas esferas sexual e familiar.

17. A. de Olmos, *Huehuehtlahtolli: Testimonios de la Antigua Palabra*, p. 327.

18. B. de Sahagún, *Historia General de Cosas de Nueva España*, p. 529.

19. M.-O. Marion, *Entre Anhelos y Recuerdos*, p. 113.

20. Esse legado mais do que justifica que a antropóloga *mixe* Carolina María Vásquez García (Miradas de las Mujeres Ayuujk) se proponha a estudar a história de seu povo para indagar "as causas que provocaram a desigualdade e que provavelmente romperam o equilíbrio e o diálogo entre ambos os gêneros" (p. 326). Essas causas estão evidentemente associadas ao colonialismo. Como lembrou Silvia Federici (*Calibán y la Bruja*), "as autoridades espanholas introduziram uma nova hierarquia sexual que privou as mulheres indígenas de sua autonomia e outorgou a seus parentes de sexo masculino mais poder sobre elas", além de fazer que "as mulheres casadas se tornassem propriedade dos homens" (p. 172-173). As relações de gênero se viram transtornadas com o domínio europeu. A colonização foi também um processo de patriarcalização. A mulher indígena da Mesoamérica sofre uma dupla derrota com o colonialismo espanhol, uma derrota como indígena e outra como mulher.

21. A. López Austin, *Las Razones del Mito: La Cosmovisión Mesoamericana*, p. 26.

22. Ibidem, p. 27.

23. Idem, *Cuerpo Humano e Ideología*, p. 301.

24. Idem, *Las Razones del Mito*, p. 29.

25. M. León-Portilla, *Obras: Tomo XII*, p. 133.

26. A. López Austin, *Las Razones del Mito*, p. 47.

27. V. Vacas Mora, Morfologías del Mal, *Indiana*, n. 25, p. 216-217.

28. E. Cortés Ruiz, *San Simón de la Laguna*, p. 113.

29. A coexistência do bem e do mal em uma mesma entidade é frequente entre os povos originários da Mesoamérica. Talvez devêssemos ver aqui uma reminiscência da cosmovisão indígena pré-hispânica, na qual, segundo López Austin (*Las Razones del Mito*), falta a "oposição do bem e do mal, que é tão característica de outras religiões do mundo" (p. 27). Em vez da "dicotomia bem/mal", temos a "complementaridade", como, no contexto *maya*, explica Mariola Elizabeth Vicente Xiloj (El Legado de las Abuelas y Abuelos, *Teoría y Crítica de la Psicología*, v. 14, p. 188). A noção de complementaridade e a dupla face boa e ruim das coisas vêm confirmar o caráter dialético do pensamento mesoamericano, bem como sua capacidade de contextualizar e relativizar juízos de valor. Essa contextualização e relativização são, por sua vez, o que muitas vezes impede que os indígenas julguem alguém ou algo como essencialmente bom ou mau. Talvez seja por isso que para os *tsotsiles*, como conta Guiteras Holmes (*Diario de San Pedro Chalchihuitán*), "todos os que morrem vão para o céu" (p. 50). Talvez seja pela mesma razão que entre os próprios *tsotsiles*, conforme explica Jacinto Arias (*El Mundo Numinoso de los Mayas*), "todas as entidades viventes importantes como o sol, a lua, a terra, os mananciais e as montanhas, são boas e más segundo a situação existencial das pessoas" (p. 43). Nem o ser objetivo se dissocia da existência subjetiva, nem o valor é julgado independentemente da situação. O pensamento está situado e tem uma ancoragem situacional.

30. Ver T. W. Adorno, *Dialéctica Negativa*.

31. M. León-Portilla, *Obras: Tomo XII*, p. 85.

32. P. Johansson, El Sentido y los Sentidos de la Oralidad Náhuatl Prehispánica, *Acta Poética*, v. 26, n. 1-2, p. 526.

33. G. Bonfil Batalla, op. cit., p. 58.

34. O que foi dito até agora não exclui que os povos originários da Mesoamérica contem com xamãs equivalentes a nossos profissionais de psicologia. É o caso de certos *h-menob*, herdeiros *mayas yucatecos* do Alto Conhecimento, a quem Miguel Alberto Bartolomé (*La Dinámica Social de los Mayas de Yucatán*) denomina "psicólogos", já que "suas funções consistem em dar conselhos diante de conflitos pessoais ou emocionais" de seus pacientes (p. 220). No entanto, embora de alguma forma se especializem na subjetividade, esses sábios e os demais *h-menob* foram instruídos como "ávidos buscadores de informações, de qualquer índole que seja" e, assim, acumularam conhecimento sobre "sua realidade social e o mundo natural-sobrenatural" (p. 230). Deve-se considerar também que os sábios e xamãs *mayas*, como os de outros povos mesoamericanos, mantêm contato íntimo com a terra e com a comunidade, com a natureza e com a cultura. Não deixam de ser camponeses, o que os protege das mistificações ideológicas derivadas da divisão do trabalho e da especialização no trabalho puramente intelectual.

35. J. Arias, *El Mundo Numinoso de los Mayas*, p. 47.

36. Os povos indígenas da Mesoamérica são monoteístas porque acreditam em um único deus, seja o cristão ou o Piyetao *zapoteco*, o Hunab Ku *maya*, o Tloque Nahuaque *nahua* ou qualquer outro. Ao mesmo tempo, eles são politeístas

158   NOTAS

porque esse deus único se desdobra em muitos outros deuses que são muitos e um ao mesmo tempo. Mas os indígenas mesoamericanos também são animistas uma vez que esses deuses se ramificam em todas as coisas, o que faz que tudo seja divino. Como resumiu em seu tempo Múñoz Camargo (*Historia de Tlaxcala*), o indígena "atribui a cada coisa seu deus e conclui dizendo 'Oh Deus, aquele em que estão todas as coisas'" (p. 149). Esse Deus, tão singular quanto plural, está igualmente no ser humano. Ele vive por meio da humanidade, se desdobra e se conhece nela e em sua racionalidade, o que se traduz em uma concepção humanista e racionalista com caráter mais filosófico que religioso.

37. W.R. Holland, Psicoterapia Maya en los Altos de Chiapas, *Estudios de Cultura Maya*, n. 3, p. 266.
38. L. Pacheco Ladrón de Guevara, Soñar y Cantar: Los Saberes de las Mujeres Indígenas en la Sierra Madre Occidental, *Descentrada*, v. 2, n. 2, p. 7. Disponível em: <http://www.memoria.fahce. unlp.edu.ar/art_revistas/pr.8907/pr.8907.pdf>.
39. Trata-se de conhecer essa realidade total da qual o sonho forma parte como uma de suas duas grandes metades. Embora não haja razão para pensar de modo idealista que a vida é sonho, devemos admitir que o sonho é vida, pois a metade sonhada e a metade desperta "compartilham a vida", como bem explicou André Breton (*Les Vases Communicants*, p. 126-127). Há aqui uma ideia muito simples, uma obviedade subentendida no pensamento mesoamericano, que na modernidade europeia só pode ser plenamente compreendida pelo consequente materialismo freudo-marxista dos surrealistas.
40. M.A. Bartolomé, *La Dinámica Social de los Mayas de Yucatán*, p. 227-228.
41. A. López Austin, *Las Razones del Mito*, p. 101-106.
42. R. Martínez González, El Alma de Mesoamérica, *Journal de la Société des Américanistes*, t. 93, n. 2, p. 20.
43. A.M. Garibay, *Poesía Indígena*, p. 132.
44. Nezahualcóyotl, Cantos, em J.L. Martínez, *Nezahualcóyotl*, p. 183.
45. Ayocuan Cuetzpaltzin, Las Flores y los Cantos, em M. León-Portilla, *Quince Poetas del Mundo Náhuatl*, p. 300.

ALÉM DA CONCLUSÃO

1. Anônimo, *Popol Vuh*, p. 106-107.
2. M. Espinosa Sainos, Poemas en Totonaco y Castellano, em J.L. Iturrioz Leza (coord.), *América en Ocho Lenguas*, p. 33.
3. L. Villoro, *Los Grandes Momentos del Indigenismo en México*, p. 272-273 e 272, respectivamente.

46. Macuilxochitzin, Canto de Macuilxochitzin, em M. León-Portilla, *Quince Poetas del Mundo Náhuatl*, p. 253.
47. Axayácatl, Cantos de Axayácatl, Señor de México, em M. León-Portilla, *Quince Poetas del Mundo Náhuatl*, p. 233.
48. Cacamatzin, Cantos de Cacamatzin, em M. León-Portilla, *Quince Poetas del Mundo Náhuatl*, p. 205.
49. Chichicuepon de Chalco, El Poema de Chichicuepon. Así Vino a Perecer Huexotzinco, em M. León-Portilla, *Quince Poetas del Mundo Náhuatl*, p. 343.
50. Os sábios mesoamericanos, como comentou León-Portilla (*Obras: Tomo XII – La Filosofía Náhuatl Estudiada en sus Fuentes*), se reconhecem "impotentes para desvendar o mistério" e incapazes de "vislumbrar o além" (p. 238). Daí a "profunda incerteza que tinge seu pensamento", bem como sua "dúvida e total falta de certeza quanto à chamada região do mistério" (p. 241). Os sábios mesoamericanos são sábios justamente porque sabem que o mistério da morte só pode ser pensado pelo questionamento.
51. A.M. Garibay, *Poesía Indígena*, p. 166.
52. Nezahualcóyotl, Cantos, em J.L. Martínez (ed.), *Nezahualcóyotl*, p. 166.
53. M. León-Portilla, *Obras: Tomo XII*, p. 342.
54. São conscientes, além disso, de que o mesmo saber é irremediavelmente insuficiente para se orientar na vida e resolver as grandes questões que os atormentam. Compreendem, em outras palavras, que a realidade material é invariavelmente mais ampla e complexa do que as ideias que se tem sobre ela. Essa compreensão confirma o materialismo do pensamento mesoamericano. Os indígenas da Mesoamérica são materialistas porque reconhecem que, diante da realidade material, seu saber, composto de ideias, é tão insuficiente que resulta impotente, inútil, "vão", como lamenta Nezahualcóyotl (Cantos, em J.L. Martínez (ed.), *Nezahualcóyotl*, p. 192). Em sua insuficiência e em sua impotência ou inutilidade, o saber dos sábios *nahuas* é como o nosso. No entanto, ao contrário de nós, eles sabem disso e é também por isso que eles têm uma sabedoria materialista da qual geralmente carecemos.

4. V. de Quiroga, Información en Derecho, em P. Serrano Gassent (ed.), *Vasco de Quiroga: La Utopía en América*, p. 218.
5. G.W.F. Hegel, *Lecciones Sobre la Filosofía de la Historia Universal*, p. 266.
6. Ver H. Marcuse, *El Hombre Unidimensional*.
7. G.W.F. Hegel, op. cit., p. 275.

REFERÊNCIAS

LIVROS

ACEVES, Manuel. *El Mexicano: Alquimia y Mito de una Raza*. Ciudad de México: Joaquin Mortiz, 1991.

ADORNO, Theodor W. [1966]. *Dialéctica Negativa*. Madrid: Akal, 2017.

ALCALÁ, Jerónimo de [1540]. *Relación de Michoacán*. Zamora: Colegio de Michoacán, 2008.

ALTHUSSER, Louis. [1964]. Psychanalyse et psychologie. *Psychanalyse et sciences humaines*. Paris: STOCK/IMEC, 1996.

ANDRADE, Oswald de [1928]. Manifiesto Antropófago. In: SCHWARTZ, Jorge (comp.). *Las Vanguardias Latinoamericanas*. Ciudad de México: FCE, 2006.

ANÓNIMO. [1400]. *Rabinal-Achí: El Varón de Rabinal – Ballet Drama de los Indios Quichés de Guatemala*. Ciudad de México: Porrúa, 2014.

ANÓNIMO. [1554]. *Popol Vuh*. Ciudad de México: FCE, 2017.

ANÓNIMO. [1558]. Restauración de los Seres Humanos. In: LEÓN-PORTILLA, Miguel (ed.). *Cantos y Crónicas del México Antiguo*. Monterrey: Agencia Promotora de Publicaciones, 2010.

ANÓNIMO. [1620]. *Anales de los Xahil*. Ciudad de México: Unam, 1993.

ANÓNIMO. [1793]. *El Libro de los Libros del Chilam Balam*. Ciudad de México: Editores Mexicanos Unidos, 2015.

ANÓNIMO. [1793]. *Chilam Balam (Chumayel)*. Barcelona: Linkgua, 2008.

ARAMONI, Aniceto. *Psicoanálisis de la Dinámica de un Pueblo*. México: Unam, 1961.

ARIAS, Jacinto. *El Mundo Numinoso de los Mayas*. Ciudad de México: SEP, 1975.

AXAYÁCATL. [1450]. Cantos de Axayácatl, Señor de México. In: LEÓN-PORTILLA, Miguel. *Quince Poetas del Mundo Náhuatl*. Ciudad de México: Planeta, 2019.

AYOCUAN CUETZPALTZIN [1500]. Las Flores y los Cantos. In: LEÓN-PORTILLA, Miguel. *Quince Poetas del Mundo Náhuatl*. Ciudad de México: Planeta, 2019.

AYOCUAN CUETZPALTZIN [1500]. ¡Qué Permanezca la Tierra! In: LEÓN-PORTILLA, Miguel. *Quince Poetas del Mundo Náhuatl*. Ciudad de México: Planeta, 2019.

BARTOLOMÉ, Miguel Alberto. *Gente de Costumbre y Gente de Razón: Las Identidades Étnicas en México*. Ciudad de México: Siglo XXI, 1997.

_____. [1988]. *La Dinámica Social de los Mayas de Yucatán*. Ciudad de México: INI, 1992.

BENJAMIN, Walter. [1940]. Tesis de Filosofia de la Historia. *Ensayos Escogidos*. Ciudad de México: Coyoacán, 2012.

BONFIL BATALLA, Guillermo. [1987]. *México Profundo: Una Civilización Negada*. Ciudad de México: Random House Mondadori, 2012.

BOURDIN, Gabriel. *Las Emociones Entre los Mayas*. Ciudad de México: Unam, 2014.

BRETON, André. [1932]. *Les Vases Communicants*. Paris: Gallimard, 1955.

CACAMATZIN [1520]. Cantos de Cacamatzin. In: LEÓN-PORTILLA, Miguel. *Quince Poetas del Mundo Náhuatl*. Ciudad de México: Planeta, 2019.

CANUL, Joan. [1595]. *El Ritual de los Bacabes*. Ciudad de México: Unam, 1987.

CARRASCO, Pedro; BRODA, Johanna. *Estratificación Social en la Mesoamérica Prehispánica*. Ciudad de México: SEP-INAH, 1976.

CHICHICUEPON DE CHALCO. [1450]. El Poema de Chichicuepon: Así Vino a Perecer Huexotzinco. In: LEÓN-PORTILLA, Miguel. *Quince Poetas del Mundo Náhuatl*. Ciudad de México: Planeta, 2019.

CORNEJO CABRERA, Ezequiel. *Estudio de Psicología Experimental en Algunos Grupos Indígenas de México*. Ciudad de México: Imprenta Universitaria, 1953.

CORTÉS RUIZ, Efraín. [1972]. *San Simón de la Laguna*. Ciudad de México: INI, 1990.

CREVEL, René. [1932]. *Le Clavecin de Diderot*. Utrecht: Pauvert, 1966.

CUACUAUHTZIN. [1450]. Canto Triste de Cuacuauhtzin. In: LEÓN-PORTILLA, Miguel. *Quince Poetas del Mundo Náhuatl*. Ciudad de México: Planeta, 2019.

DARWIN, Charles. [1871]. *El Origen del Hombre*. Barcelona: Crítica, 2009.

DE ALVA IXTLILXÓCHITL, Fernando. [1640]. *Historia de la Nación Chichimeca*. Monterrey: APP, 1985.

DE LAS CASAS, Bartolomé. [1542]. *Brevísima Relación de la Destruición de las Indias*. Madrid: Tecnos, 2004.

DE NIZA, A. [1543]. Historia de los Mexicanos. In: GARIBAY KINTANA, Ángel María (ed.). *Teogonía e Historia de los Mexicanos: Tres Opúsculos del Siglo XVI*. Ciudad de México: Porrúa, 1973.

DE OLMOS, A. [1533]. Historia de los Mexicanos. In: GARIBAY KINTANA, Ángel María (ed.), *Teogonía e Historia de los Mexicanos: Tres Opúsculos del Siglo XVI*. Ciudad de México: Porrúa, 1973.

DÍAZ-GUERRERO, Rogelio. *Psicología del Mexicano: Descubrimiento de la Etnopsicología*. Ciudad de México: Trillas, 1994.

DÍAZ INFANTE, Fernando. *La Educación de los Aztecas: Cómo se Formó el Carácter del Pueblo Mexica*. Ciudad de México: Panorama, 1983.

DUSSEL, Enrique D. *1492: El Encubrimiento del Otro — Hacia el Origen del Mito de la Modernidad*. La Paz: Plural, 1994.

ENGELS, Friedrich. [1884]. *El Origen de la Familia, de la Propiedad Privada y del Estado*. Ciudad de México: Colofón, 2011.

ESPINOSA SAINOS, Manuel. Poemas en Totonaco y Castellano. In: ITURRIOZ LEZA, J.L. (coord.). *América en Ocho Lenguas*. Guadalajara: Universidad de Guadalajara, 2019.

FALS BORDA, Orlando. [1998]. Experiencias Teórico-prácticas. *Una Sociología Sentipensante para América Latina*. Bogotá: Clacso, 2009.

FEDERICI, Silvia. *Calibán y la Bruja: Mujeres, Cuerpo y Acumulación Originaria*. Madrid: Traficantes de Sueños, 2010.

FEUERBACH, Ludwig. [1843]. *La Filosofía del Porvenir*. Ciudad de México: Roca, 1975.

FOUCAULT, Michel. *Surveiller et punir*. Paris: Gallimard, 1975.

FREUD, Sigmund. [1921]. Psicología de las Masas y Análisis del Yo. *Obras Completas XVIII*. Buenos Aires: Amorrortu, 1998.

_____. [1913]. Tótem y Tabú. *Obras Completas XIII*. Buenos Aires: Amorrortu, 1998.

_____. [1909]. A Propósito de un Caso de Neurosis Obsesiva. *Obras Completas X*. Buenos Aires: Amorrortu, 1998.

REFERÊNCIAS

_____. [1900]. La Interpretación de los Sueños. *Obras Completas X.* Buenos Aires: Amorrortu, 1998.

GALLARDO ARIAS, Patricia. *Ritual, Palabra y Cosmos Otomí: Yo soy Costumbre, Yo soy de Antigua.* Ciudad de México: Unam, 2012.

GARIBAY, Ángel María. *Poesía Indígena.* Ciudad de México: Unam, 1940.

GÓMEZ FERNÁNDEZ, Teresita. *Los Tseltales lo Saben: Concepciones Sobre Conocimiento, Aprendizaje y Enseñanza Entre Tseltales de Chiapas.* Ciudad de México: Universidad Iberoamericana, 2014.

GÓMEZ ROBLEDA, José. *Estudio Biotipológico de los Otomíes.* Ciudad de México: Unam-IIS, 1961.

_____. *Estudio Biotipológico de los Zapotecas.* Ciudad de México: Unam-IIS, 1949.

_____. *Pescadores y Campesinos Tarascos.* Ciudad de México: SEP, 1943.

GONZÁLEZ PINEDA, Francisco. [1959]. *El Mexicano: su Dinámica Psicosocial.* Ciudad de México: Pax, 1961.

GRINBERG-ZYLBERBAUM, Jacobo. *Los Chamanes de México I: Psicología Autóctona Mexicana.* Ciudad de México: Alpa Corral, 1987.

GROSFOGUEL, Ramón. Descolonizando los Universalismos Occidentales. In: CASTRO-GÓMEZ, Santiago; GROSFOGUEL, Ramón (eds.). *El Giro Decolonial: Reflexiones para una Diversidad Epistémica más allá del Capitalismo Global.* Bogotá: Siglo del Hombre, 2007.

GUITERAS HOLMES, Calixta. [1961]. *Los Peligros del Alma: Visión del Mundo de un Tzotzil.* Ciudad de México: FCE, 1986.

_____. [1946]. *Diario de San Pedro Chalchihuitán.* Tuxtla Gutiérrez: Gobierno del Estado de Chiapas, 2002.

HABERMAS, Jürgen. [1981]. *Teoría de la Acción Comunicativa.* Madrid: Trotta, 2010.

HEGEL, Georg Wilhelm Friedrich. [1830]. *Lecciones sobre la Filosofía de la Historia Universal.* Madrid: Tecnos, 2005.

HEIDEGGER, Martin. [1923]. *Ontología: Hermenéutica de la Facticidad.* Madrid: Alianza, 1999.

HERNÁNDEZ, Francisco. [1576]. *Antigüedades de la Nueva España.* Monterrey: APP, 1986.

HERNÁNDEZ ARANA, Francisco; DÍAZ, Francisco. [1604]. Memorial de Sololá: Anales de los Cakchiqueles. *Memorial de Sololá.* Ciudad de México: FCE, 2013.

HOLZKAMP, Klaus. Psychology: Social Self-Understanding on the Reasons for Action in the Conduct of Everyday Life. In: SCHRAUBE, Ernst; OSTERKAMP, Ute (eds.). *Psychology from the Standpoint of the Subject.* New York: Palgrave, 1996.

HORKHEIMER, Max. [1946]. *Crítica de la Razón Instrumental.* Buenos Aires: Terramar, 2007.

HORKHEIMER, Max; ADORNO, Theodor W. [1947]. *Dialéctica de la Ilustración.* Madrid: Trotta, 1994.

INCHÁUSTEGUI, Carlos. *El Entorno, el Hombre, la Enfermedad y la Muerte: Notas de Campo de Etnografía Mazateca.* Ciudad de México: Unam, 2012.

IWANSKA, Alicja. [1971]. *Purgatorio y Utopía.* Ciudad de México: SEP, 1972.

JULIÁN CABALLERO, Juan. *Ñuu Davi Yuku Yata: Pueblo Antiguo de la Lluvia.* Ciudad de México: Unam, 2011.

KANT, Immanuel. [1781]. *Crítica de la Razón Pura.* Ciudad de México: Porrúa, 1991.

KIM, Uichol. Indigenous Psychology: Science and Applications. In: BRISLIN, Richard W. (ed.). *Cross-cultural Research and Methodology Series: Applied Cross-Cultural Psychology.* New York: Sage, 1990.

KIM, Uichol; BERRY, John W. *Indigenous Psychologies: Research and Experience in Cultural Context*. New York: Sage, 1993.

KIM, Uichol; YANG, Kuo-Shu; HWANG, Kwang-Kuo (eds.). *Indigenous and Cultural Psychology: Understanding People in Context*. New York: Springer, 2006.

KORSCH, Karl. [1923]. *Marxismo y Filosofía*. Ciudad de México: Era, 1977.

LACAN, Jacques. [1969]. *Le Séminaire XVI: D'un Autre à l'autre*. Paris: Seuil, 2006.

_____. [1966]. Do Sujeito Enfim em Questão. *Escritos 1*. Rio de Janeiro: Zahar, 1998.

_____. [1960]. *Le Séminaire VII: L'éthique de la psychanalyse*. Paris: Seuil, 1986.

_____. [1955]. *Le Séminaire II: Le Moi*. Paris: Seuil-Poche, 2001.

LENKERSDORF, Carlos. *Filosofar en Clave Tojolabal*. Ciudad de México: Miguel Ángel Porrúa, 2002.

_____. *Cosmovisión Maya*. Ciudad de México: Centro de Estudios Antropológicos, Artísticos, Tradicionales y Lingüísticos, 1999.

_____. *Los Hombres Verdaderos: Voces y Testimonios Tojolabales*. Ciudad de México: Siglo XXI, 1996.

LEÓN-PORTILLA, Miguel. [1956]. *Obras: Tomo XII – La Filosofía Náhuatl Estudiada en sus Fuentes*. Ciudad de México: Unam y Colegio Nacional, 2018.

LEÓN ROMERO, Luis Eduardo. *Descripciones de una Psicología Ancestral Indígena*. Bogotá: Tiguaia, 2017.

LÉVI-STRAUSS, Claude. *Les Structures élémentaires de la parenté*. Paris: Presses Universitaires de France, 1949.

LÉVINAS, Emmanuel. *Totalité et infini: Essai sur l'extériorité*. Paris: Kluwer, 1971.

LÓPEZ AUSTIN, Alfredo. *Las Razones del Mito: La Cosmovisión Mesoamericana*. Ciudad de México: Era, 2015.

_____. [1980]. *Cuerpo Humano e Ideología*. Ciudad de México: Unam, Instituto de Investigaciones Antropológicas, 2004.

LUKÁCS, György. [1923]. *Historia y Conciencia de Clase*. Madrid: Sarpe, 1985. Tradução para o português, cotejada com a versão brasileira: *História e Consciência de Classe: Estudos sobre a Dialética Marxista*. Trad. Rodnei Nascimento; rev. trad. Karina Jannini. São Paulo: Martins Fontes, 2003.

LUMHOLTZ, Carl. *El México Desconocido: Cinco Años de Exploración entre las Tribus de la Sierra Madre Occidental, en la Tierra Caliente de Tepic y Jalisco, y entre los Tarascos de Michoacán*. New York: Charles Scribner's Sons, 1904.

MACUILXOCHITZIN. [1450]. Canto de Macuilxochitzin. In: LEÓN-PORTILLA, Miguel. *Quince Poetas del Mundo Náhuatl*. Ciudad de México: Planeta, 2019.

MARCOS. Carta al Presidente Fox del 22 de Marzo de 2001. In: EZLN. *Documentos y Comunicados 5*. Ciudad de México: Era, 2003.

MARCUSE, Herbert. [1964]. *El Hombre Unidimensional*. Barcelona: Planeta, 2010.

MARION, Marie-Odile. *Entre Anhelos y Recuerdos*. Ciudad de México: Plaza y Valdés, 1997.

MARX, Karl. [1867]. *El Capital I*. Ciudad de México: FCE, 2008.

_____. [1845]. Tesis Sobre Feuerbach. *Obras Escogidas de Marx y Engels I*. Moscú: Progreso, 1981.

_____. [1844]. *Crítica da Filosofia do Direito de Hegel*. Trad. Rubens Enderle e Leonardo de Deus. São Paulo: Boitempo, 2010.

_____. [1844]. En Torno a la Crítica de la Filosofía del Derecho de Hegel. *Escritos de Juventud*. Ciudad de México: FCE, 1987.

_____. [1844]. *Manuscritos: Economía y Filosofía*. Madrid: Alianza, 1997.

REFERÊNCIAS

_____. [1843]. Crítica de la Filosofía del Derecho de Hegel. *Escritos de Juventud*. Ciudad de México: FCE, 1987.

MARX, Karl; ENGELS, Friedrich. [1846]. *La Ideología Alemana*. Madrid: Akal, 2014.

MILLÁN, Saúl. *Los Huaves*. Ciudad de México: Comisión Nacional para el Desarrollo de los Pueblos Indígenas, 2003.

MKHIZE, Nhlanhla. Psychology: An African Perspective. In: DUNCAN, Norman et al (eds.). *Self, Community and Psychology*. Lansdowne: UCT Press, 2004.

MÚÑOZ CAMARGO, Diego. [1594]. *Historia de Tlaxcala*. Monterrey: Agencia Promotora de Publicaciones, 2010.

NEZAHUALCÓYOTL. [1465]. Cantos. In: MARTÍNEZ, José Luis (ed.). *Nezahualcóyotl*. Ciudad de México: FCE, 1984.

NEZAHUALCÓYOTL. [1465]. Estoy Triste. In: LEÓN-PORTILLA, Miguel. *Quince Poetas del Mundo Náhuatl*. Ciudad de México: Planeta, 2019.

NEZAHUALPILLI. [1500]. Canto de Nezahualpilli. In: LEÓN-PORTILLA, Miguel. *Quince Poetas del Mundo Náhuatl*. Ciudad de México: Planeta, 2019.

OLMOS, Andrés de. [1535]. *Huehuehtlahtolli: Testimonios de la Antigua Palabra*. Ciudad de México: FCE, 2017.

PAREDES-CANILAO, N.; BABARAN-DIAZ, M.A.; FLORENDO, M.N.B., SALINAS-RAMOS, T., & MENDOZA, S.L. Indigenous Psychologies and Critical-emancipatory Psychology. In: PARKER, Ian (ed.). *Handbook of Critical Psychology*. London: Routledge, 2015.

PAVÓN-CUÉLLAR, David; MENTINIS, Mihalis. *Zapatismo y Subjetividad: Más Allá de la Psicología*. Bogotá y Morelia: Cátedra Libre y UMSNH, 2020.

PEÑAFIEL, Antonio. *Nomenclatura Geográfica de México*. Ciudad de México: Oficina Tipográfica de la Secretaría de Fomento, 1897.

PITARCH RAMÓN, Pedro. [1996]. *Ch'ulel: una Etnografía de las Almas Tzeltales*. Ciudad de México: FCE, 2017.

_____. *La Palabra Fragante: Cantos Chamánicos Tzeltales*. Ciudad de México: INBA y Conaculta, 2013.

POMAR, Juan B. de. [1582]. Xochicuícatl: Cantos Floridos y de Amistad. In: LEÓN-PORTILLA, Miguel (ed.). *Cantos y Crónicas del México Antiguo*. Monterrey: APP, 2010.

POZAS, Ricardo. [1952]. *Juan Pérez Jolote: Biografía de un Tzotzil*. Ciudad de México: FCE, 2013.

QUIROGA, Vasco de. [1535]. Información en Derecho. In: SERRANO GASSENT, Paz (ed.). *Vasco de Quiroga: La Utopía en América*. Madrid: Dastin, 2003.

RAMÍREZ, Santiago. [1953]. *El Mexicano: Psicología de sus Motivaciones*. México: Grijalbo, 1977.

RHI, Iliana Yunuen. *Ñuu Savi Sini Ñu'un Tiatyi: A Renewal of Mixteco Epistemology of Mother Earth*. San Diego: San Diego State University, 2011.

SAHAGÚN, Bernardino de. [1582]. *Historia General de Cosas de Nueva España*. Ciudad de México: Porrúa, 2006.

SEDEÑO, Livia; BECERRIL, María Elena. *Dos Culturas y una Infancia: Psicoanálisis de una Etnis en Peligro*. Ciudad de México: FCE, 1985.

SÉJOURNÉ, Laurette. [1953]. *Supervivencias de un Mundo Mágico*. Ciudad de México: FCE, 1985.

_____. [1957]. *Pensamiento y Religión en el México Antiguo*. Ciudad de México: FCE, 1964.

SODI, Demetrio. *La Literatura de los Mayas*. Ciudad de México: Joaquín Mortiz, 1970.

SOUSTELLE, Jacques. [1936]. *México, Tierra India*. Ciudad de México: SEP, 1971.

SPINOZA, Baruch. [1677]. *Ética*. Ciudad de México: Porrúa, 1977.

TEIGE, Karel. [1928]. Manifeste du poétisme. *Liquidation de l'art*. Paris: Allia, 2009.

TEMILOTZIN. [1500]. Poema. In: LEÓN-PORTILLA, Miguel. *Quince Poetas del Mundo Náhuatl*. Ciudad de México: Planeta, 2019.

TLALTECATZIN. [1350]. Poema. In: LEÓN-PORTILLA, Miguel. *Quince Poetas del Mundo Náhuatl*. Ciudad de México: Planeta, 2019.

TOCHIHUITZIN COYOLCHIUHQUI. [1400]. Vinimos a Soñar. In: LEÓN-PORTILLA, Miguel. *Quince Poetas del Mundo Náhuatl*. Ciudad de México: Planeta, 2019.

TURNER, Paul R. [1972]. *Los Chontales de los Altos*. Ciudad de México: Secretaría de Educación Pública, 1973.

TZARA, Tristan. [1931]. Essai sur la situation de la poésie. *Grains et Issues*. Paris: Flammarion, 1981.

VAILLANT, George Clapp. [1941]. *La Civilización Azteca*. Ciudad de México: FCE, 2018.

VÁSQUEZ GARCÍA, Carolina Maria. Miradas de las Mujeres Ayuujk. In: HERNÁNDEZ, Rosalva Aida; CANESSA, Andrew (eds). *Complementariedades y Exclusiones en Mesoamérica y los Andes*. Quito: Abya-Yala, 2012.

VELÁZQUEZ GALINDO, Yuribia. *Porque Venimos a este Mundo a Ayudarnos: Construcción Social de la Persona y Transmisión Cultural entre los Nahuas*. Ciudad de México: Universidad Iberoamericana, 2018.

VILLORO, Luis. *La Alternativa: Perspectivas y Posibilidades de Cambio*. Ciudad de México: FCE, 2015.

_____. [1950]. *Los Grandes Momentos del Indigenismo en México*. Ciudad de México: FCE, 2005.

WEBER, Max. [1919]. *El Político y el Científico*. Ciudad de México: Colofón, 2013.

WESTHEIM, Paul. [1953]. *La Calavera*. Ciudad de México: FCE, 2016.

WHITECOTTON, Joseph W. [1977]. *Los Zapotecos: Príncipes, Sacerdotes y Campesinos*. Ciudad de México: FCE, 1992.

WOLF, Eric. [1959]. *Pueblos y Culturas de Mesoamérica*. Ciudad de México: Era, 1997.

XAYACÁMACH. [1450]. Oh Amigos, os Ando Buscando. In: LEÓN-PORTILLA, Miguel. *Quince Poetas del Mundo Náhuatl*. Ciudad de México: Planeta, 2019.

YAMAMOTO, Oswaldo H. *A Crise e as Alternativas da Psicologia*. São Paulo: Edicon, 1987.

PERIÓDICOS

ACOSTA MÁRQUEZ, Eliana. La Relación del Itonal con el Chikawalistli en la Constitución y Deterioro del Cuerpo entre los Nahuas de Pahuatlán, Puebla. *Dimensión Antropológica*, v. 20, n. 58, 2013.

AEDO, Angel; FABA, Paulina. The Act of Knowing and the Indeterminacy of the Known in Huichol Contexts (Mexico). *Social Anthropology*, v. 25, n. 2, 9 maio 2017.

ARGÜELLO PARRA, Andrés. Pedagogía Mixe: Contribuciones para una Filosofía (Decolonial) de la Educación desde las Américas. *Estudios Pedagógicos*, v. XLII, n. 3, 2016.

BOCCARA, Michel; PECH WITZ, María Candelaria. El Conocimiento de los Meno'ob y el Poder del Aire (Ik'). *Estudios de Cultura Maya*, v. 55, n. 1, 2020.

BOURDIN, Gabriel Luis. La Noción de Persona entre los Mayas: Una Visión Semántica. *Revista Pueblos y Fronteras Digital*, v. 2, n. 4, 2007.

REFERÊNCIAS

CASTALDO, Miriam. Susto o Espanto: En Torno a la Complejidad del Fenómeno. *Dimensión Antropológica*, v. 32, n. 3, 2004.

DÍAZ-LOVING, Rolando. Contributions of Mexican Ethnopsychology to the Resolution of the Etic-emic Dilemma in Personality. *Journal of Cross-Cultural Psychology*, v. 29, n. 1, 1998.

DURAND, Leticia. Los Mitos y la Conservación Ambiental. *Líder: Revista Labor Interdisciplinaria de Desarrollo Regional*, v. 13, n. 10, 2005.

FIGUEROA CUEVAS, Joaquín; HERNÁNDEZ GUZMÁN, Laura. Concepto Indígena de Inteligencia en Etnias de México. *Revista de Psicología de la PUCP*, v. 22, n. 2, 2004.

FLORES OSORIO, Jorge Mario. Para Comprender el Mundo Maya Después del 13 Baktún. *Teoría y Crítica de la Psicología*, v. 14, 2020.

_____. Psicología, Subjetividad y Cultura en el Mundo Maya Actual: Una Perspectiva Crítica. *Interamerican Journal of Psychology*, v. 37, n. 2, 2003.

FLORESCANO, Enrique. La Diosa Madre y los Orígenes de la Patria. *La Palabra y el Hombre*, n. 133, 2005.

GHIDINELLI, Azzo. El Sistema de Ideas sobre la Enfermedad en Mesoamérica. *Revista Médica Hondureña*, v. 4, n. 52, 1984.

GUITART, Moisés Esteban; RIVAS DAMIÁN, María Jane; PÉREZ DANIEL, Myrian Rebeca. Identidad Étnica y Autoestima en Jóvenes Indígenas y Mestizos de San Cristóbal de las Casas (Chiapas, México). *Acta Colombiana de Psicología*, v. 14, n. 1, 2011.

GUITART, Moisés Esteban; SÁNCHEZ VIDAL, Alipio. Sentido de Comunidad en Jóvenes Indígenas y Mestizos de San Cristóbal de las Casas (Chiapas, México). Un Estudio Empírico. *Anales de Psicología* v. 28, n. 2, 2012.

HERNÁNDEZ IXCOY, Domingo. Nuevo B'aktun. *Teoría y Crítica de la Psicología*, v. 14, 2020.

HOLLAND, William R. Psicoterapia Maya en los Altos de Chiapas. *Estudios de Cultura Maya*, n. 3, 1963.

HWANG, Kwang-Kuo. From Anti-colonialism to Postcolonialism: The Emergence of Chinese Indigenous Psychology in Taiwan. *International Journal of Psychology*, n. 40, 2005.

JOHANSSON, Patrick. El Sentido y los Sentidos de la Oralidad Náhuatl Prehispánica. *Acta Poética*, v. 26, n. 1-2, abr.-nov. 2005.

KIRCHHOFF, Paul. Mesoamérica: Sus Límites Geográficos, Composición Étnica y Caracteres Culturales. *Suplemento Revista Tlatoani*, n. 1, 1960.

LENKERSDORF, Carlos. Aspectos de Educación desde la Perspectiva Maya-Tojolabal. *Reencuentro*, n. 33, 2002.

LEÓN ROMERO, Luis Eduaro. As Guy Mhuysqa: Expresiones Filosóficas y Ontológicas de una Psicología Ancestral Indígena – Preludio Reflexivo para unas Prácticas del ser y el Estar Muisca. *Tesis Psicológica*, v. 9, n. 2, 2014.

LEÓN VEGA, Gilberto. Calor, Corazón y Personalidad entre los Nahuas de San Pedro Xolotla. *Cuicuilco: Revista de Ciencias Antropológicas*, v. 24, n. 70, 2017.

LÉVI-STRAUSS, Claude. *Les Structures élémentaires de la parenté*. Paris: Presses Universitaires de France, 1949.

LÓPEZ BÁRCENAS, Francisco. Principios Filosóficos del Derecho Ñuúsavi. *Umbral*, n. 4, 2014.

MARTÍNEZ GONZÁLEZ, Roberto. El Alma de Mesoamérica: Unidad y Diversidad en las Concepciones Anímicas. *Journal de la Société des Américanistes*, t. 93, n. 2, 2007.

MEDINA HUERTA, Erandi. Mintsita ka Tsipekua: El Corazón y la Vida – Apuntes Hacia una Psicología P'urhépecha. *Teoría y Crítica de la Psicología*, n. 10, 2018.

MORALES DAMIÁN, Manuel Alberto. Uinicil Te Uinicil Tun: La Naturaleza Humana en el Pensamiento Maya. *Estudios de Cultura Maya*, n. 29, 2007.

NWOYE, Augustine. What is African Psychology the Psychology of? *Theory & Psychology*, v. 25, n. 1, 2015.

PALACIOS DE SÁMANO, Margarita. Biografía y Mito de Quetzalcóatl. *Anuario de Letras: Lingüística y Filología*, v. 19, 1981.

PAOLI, Antonio. Comunidad Tzeltal y Socialización. *Revista Chiapas*, n. 7, 1999.

PAVÓN-CUÉLLAR, David. Psicopolítica Surrealista: Marxismo, Psicoanálisis, Vanguardismo Artístico y Crítica de la Psicología. *Revista de Ciencias Sociales*, n. 130, 2018.

_____. Marx's Destruction of the Inner World: From the Colonial Internalisation of the Psyche to the Critique of the Psychological Roots of Political Economy. *Crisis and Critique*, v. 3, n. 3, 2016.

_____. La Psicología Mesoamericana: Ideas Psicológicas, Psicopatológicas y Psicoterapéuticas en las Culturas Maya, P'urhépecha y Azteca. *Memorandum*, n. 25, 2013.

PÉREZ GIL, Paola Andrea. La Fuerza del Espíritu (fe) en el Camino (Ancestral) Indígena. *Perseitas*, v. 4, n. 1, 2016.

PÉREZ JIMÉNEZ, Carlos Eduardo. La Función del Chay yo'on y el Uso del chul nichim, chul yanal t'e en el Reconocimiento del Otro. *Teoría y Crítica de la Psicología*, v. 14, 2020.

PITARCH RAMÓN, Pedro. Los dos Cuerpos Mayas: Esbozo de una Antropología Elemental Indígena. *Estudios de Cultura Maya*, n. 37, 2011.

QUIJANO, Aníbal. Colonialidad y Modernidad/Racionalidad. *Perú Indígena*, v. 13, n. 29, 1992.

RATNER, Carl; PAVÓN-CUÉLLAR, David; RÍOS-MARTÍNEZ, Karla Montserrat. The Politics of Realism and Social Constructionism in Psychology. *Psychotherapy and Politics International*, v. 18, n. 1, 2020.

TOLEDO HERNÁNDEZ, Dionicio. Nuestras Raíces, Nuestras Cosmovisiones, Nuestra Lengua y Formas de Organización Tseltal. *Teoría y Crítica de la Psicología*, v. 14, 2020.

VACAS MORA, Víctor. Morfologías del Mal: El Demonio en el Viejo y el Nuevo Mundo. Una Visión del "Demonio" Totonaco. *Indiana*, n. 25, 2008.

VICENTE XILOJ, Mariola Elizabeth. El Legado de las Abuelas y Abuelos: La Cosmogonía Maya en los Acontecimientos de la Vida. *Teoría y Crítica de la Psicología*, v. 14, 2020.

ZAVALA OLALDE, Juan Carlos. La Noción General de Persona: El Origen, Historia del Concepto y la Noción de Persona en Grupos Indígenas de México. *Revista de Humanidades*, n. 27-28, 2010.

TRABALHOS ACADÊMICOS

FELIPE CRUZ, Celerino. *Fundamentos de la Normatividad Social de la Cultura P'urhépecha. Hacia una Filosofía Jurídica y Política de la Multiculturalidad*. Tese (Doutorado em Filosofia). Morelia: Universidad Michoacana de San Nicolás de Hidalgo, 2017.

GONZÁLEZ SOBRINO, Blanca Zoila. *Una Lectura del Cuerpo Humano como Entidad Biológica y*

Simbólica en el Gran Nayar. Tese (Doutorado em Antropologia). Ciudad de México: Unam, 2003.

TORRES VELÁZQUEZ, E. *Terapéutica y Muerte en una Comunidad Nahua a partir del Concepto Mesoamericano de Persona.* Licenciatura en Psicología. Ciudad de México: Unam, 2008.

VÁSQUEZ MONTERROSO, Diego; URIZAR NATARENO, Marlon. El No-sujeto Sujeto: Esbozo de una Realidad sin Individuo en las Sociedades Indígenas Mesoamericanas. Ponencia en el 53avo Congreso Internacional de Americanistas, en la Ciudad de México, julio de 2009.

INTERNET

EZLN. *Palabras del EZLN en el 22 Aniversario del Inicio de la Guerra Contra el Olvido,* 2016. Disponível em: <http://enlacezapatista.ezln.org.mx/2016/01/01/palabras-del-e-zln-en-el-22-aniversario-del-inicio-de-la-guerra-contra-el-olvido/>. Acesso em: 7 jan. 2019.

ISLAS SALINAS, Liz Estela. Persona Sana, Persona Enferma: Cuerpo, Enfermedad y Curación en la Práctica del Chamán Huichol. *Gaceta de Antropología,* v. 25, n. 2, 2009. Disponível em: <https://digibug.ugr.es/handle/10481/6909>. Acesso em: 5 set. 2020.

LOZADA, Luz-Maria (2014). El Espíritu del Maíz. Circulación Anímica y Cocina Ritual entre los Totonacos de la Sierra Norte de Puebla (México). *Nuevo Mundo Mundos Nuevos,* 2014. Disponível em: <http://journals.openedition.org/nuevomundo/66812>. Acesso em: 10 out. 2020.

MUÑOZ MORÁN, Oscar. El Diablo y la Enfermedad: Precisiones en cuanto al Concepto de Susto/Espanto entre los Indígenas de Michoacán, México. *Nuevo Mundo Mundos Nuevos,* 2011. Disponível em: <http://journals.openedition.org/nuevomundo/61215>. Acesso em: 15 set. 2022.

PACHECO LADRÓN DE GUEVARA, Lourdes. Soñar y Cantar: Los Saberes de las Mujeres Indígenas en la Sierra Madre Occidental. *Descentrada,* v. 2, n. 2, sept. 2018. Disponível em: <http://www.memoria.fahce.unlp.edu.ar/art_revistas/pr.8907/pr.8907.pdf>. Acesso em: 2 nov. 2020.

GLOSSÁRIO

Ah Mucen Cab [figura p. 34]. o que guarda o mel, representado segurando os discos de cria das abelhas nativas, é considerado o deus das abelhas.

Anais de los Xahil. Também conhecido como *Anales de los Cakchiqueles* ou *Memorial de Sololá.* É uma crônica histórica e mitológica escrita em idioma *kaqchikel*, na cidade guatemalteca de Sololá, por membros da linhagem governante *xahil*, entre eles Francisco Hernández Arana Xajilá (1560-1583) e seu neto, Francisco Rojas (1583-1604).

Axayácatl (1450-1481). Poeta *nahua* e imperador asteca, nascido em Tenochtitlan, sucessor de Moctezuma I e pai de Moctezuma II.

Ayocuan Cuetzpaltzin (século XV). Poeta *nahua* originário da região urbana e educado em Quimixtlán. Filho do governante dos povos *cohuayocan* e *cuauhtepec*, que perdeu seu domínio em 1441 quando sofreu um ataque conjunto de Coatlinchan, Cholula, Huexotzinco e Tlaxcala.

Cacamatzin (1483-1520). Poeta *nahua* e rei da cidade de Texcoco. Filho e sucessor de Nezahualpilli. Foi torturado pelos espanhóis para que revelasse onde se encontrava o ouro de Texcoco.

Chefe Cinco-Lluvia. Guerreiro e governador da cidade de Rabinal, na Guatemala. Personagem do *Rabinal Achí.*

Chichicuepon (?-1486). Poeta *nahua* e senhor da cidade de Chalco, nascido em Tlilhuacan. Foi destituído de seu poder e de suas terras pelos astecas.

Chichihuacuauhco. Na mitologia *nahua mexica*, espaço temporal para as crianças que nasciam mortas ou que morriam antes de completar o primeiro ano de idade. Era um lugar com "árvores nutrizes" cujos frutos eram seios maternos dos quais brotava leite.

Chilam Balam. Nome de vários livros anônimos que relatam acontecimentos históricos da civilização *maya*. Foram escritos em *maya*, durante os séculos XVI e XVII, na península de Yucatán. Cada "Chilam

Balam" é identificado pela população na qual foi escrito, como o Chilam Balam de Chumayel, o de Ixil, o de Maní etc.

Ch'ulel. Conceito de alma nos povos *mayas tseltal* e *tsotsil* de Chiapas, no México.

Cincalco. Na mitologia *nahua mexica*, é um paraíso para onde iam os filhos pequenos ao morrer.

Cipactónal [figura p. 40]. Na mitologia *nahua mexica*, é um deus masculino criado junto com a deusa Oxomoco para povoar o primeiro sol.

Coatlicue [figura p. 50]. Na mitologia *nahua mexica*, é a deusa da fertilidade e representação divina da vida e da morte.

Códice Florentino. Manuscrito do século XVI que tinha originalmente quatro volumes, dos quais apenas três se conservaram. Inclui o texto em *náhuatl* com versão em castelhano, às vezes resumida e às vezes com comentários, dos textos que Fray Bernardino de Sahagún recolheu de seus informantes indígenas no século XVI. Está guardado na Biblioteca Medicea Laurenziana de Florença.

Cuacuauhtzin (1410-1443). Poeta *nahua* e governador de Tepechpan. Morreu em uma batalha contra os *tlaxcaltecas*.

Cuctal. Termo *chol* para designar a alma.

Cuel Achitzincan. Expressão para designar o "momento fugaz" em *náhuatl*.

Hikuri ou **Peyote**. Cacto alucinógeno (*Lophophora williamsii*). Entre os *huicholes* é considerado manifestação do espírito de Tamautz Kauyumari (Nuestro Hermano Mayor Venadito del Sol).

Huehuehtlahtolli. Ditados dos mais velhos ou ancestrais entre os antigos *nahuas*. Descrevem preceitos morais, normas de conduta, crenças e celebrações.

Huitzilopochtli. Deidade principal dos *mexicas* ou astecas, associada ao sol e à guerra.

Hunab Ku. Deidade suprema dos *mayas yucatecos*, associada à chuva e à criação. É incorpórea e não pode ser representada.

GLOSSÁRIO

Ihíyotl. Termo *nahua* para designar uma entidade anímica alojada no fígado e responsável por paixões, sentimentos e vigor físico.

In Cuícatl. Termo *nahua* para designar o canto.

In Ixtli. Termo *nahua* para designar o rosto.

In Xóchitl. Termo *nahua* para designar as flores.

In Yóllotl. Termo *nahua* para designar o coração.

Itonal. Variante do termo *nahua* "tonalli". Utiliza-se atualmente em Puebla e Veracruz.

Iyari. Nome de uma entidade anímica entre os *huicholes*. Está situado no coração e constitui a sede principal do pensamento, do sentimento e da capacidade para agir.

Jbejutik Te'. Fórmula cerimonial *tsotsil* que significa "somos como árvores".

Jme'jtatik. Termo *tseltal* usado para designar nossas mães e nossos pais, nossas e nossos ancestrais, mencionando explicitamente ambos os gêneros.

Jun Nax Ko'tantik. Expressão *tseltal* para designar a união de vontades no coração de uma coletividade.

Kin Tiyatliway. Expressão totonaca usada para designar o *maya*. Significa literalmente "nossa carne da terra".

Komel. Forma infantil de espanto entre os *tsotsiles*.

Kong. Rei mítico *mixe* que luta contra os espanhóis. Conserva uma existência espiritual e é o protagonista de numerosas narrativas tradicionais.

Kuerájperi [figura p. 120] **ou Kurikaveri** [figura p. 106]. Divindade materna *p'urhépecha*. É mãe primordial de todos os deuses e de tudo o que existe.

Lab. Espíritos *tseltales* constitutivos da subjetividade e doadores de doenças.

Lajan Lajan 'aytik. Expressão *tojolabal* que significa "estamos quites".

Lekil Kuxlejal. Expressão *tseltal* para designar o bem viver.

Listakni. Entidade anímica *totonaca* que no ser humano se vincula em seu interior com a terra e com o milho.

Macuilxochitzin. Poetisa *nahua* nascida em 1435. Viveu na capital asteca Tenochtitlan. Foi neta do imperador *mexica* Huitzilíhuitl e filha do famoso estadista e conselheiro Tlacaélel, que exerceu grande influência nos governos dos *tlatoanis Itzcóatl, Moctezuma Ilhuicamina* e *Axayácatl*.

Malinalli. Erva utilizada para fabricar escovas e cordas. Espécie de *muhlenbergia* da família das gramíneas, representada por uma caveira da qual brota a erva ou por duas ervas que se entrelaçam. Foi símbolo *nahua* da unidade entre a água e o fogo, entre a vida e a morte, entre a mortalidade e a imortalidade, entre a criação e a destruição.

Mictlán. Lugar dos mortos situado no inframundo conforme o mundo *nahua* e especificamente para a cultura *mexica*.

Mijmeor Cang. Mãe primordial para os *huaves*, associada ao mar.

Mintsita. Entidade anímica *p'urhépecha* situada no coração.

Monbasoic. Sujeitos aos quais os *huaves* atribuem capacidade e autoridade para invocar as chuvas.

Muktá Ch'ulelal. Forma *tsotsil* de susto ou espanto na qual a alma se desprende do corpo.

Nahual. Animal que representa o guardião, a coessência, o ser tutelar ou o *alter ego* de uma pessoa ou de um ser sobrenatural, como o bruxo, por exemplo, que tem a capacidade de se transformar deliberadamente em seu *nahual*.

Nahualismo. Crença nos *nahuales*.

Nahualapan. Rio de bruxos. Representação do além em Chichicuepon de Chalco.

Nahuas. Grupo de povos originários mesoamericanos, entre eles os astecas ou *mexicas*, que têm em comum o idioma *náhuatl*. Foram os habitantes de Tlaxcala, Chalco, Cholula, Acolhuacán e Tenochtitlan. Atualmente vivem na Cidade do México, no estado do México, Guerrero, Hidalgo, Morelos, Michoacán e Puebla, assim como em pequenas regiões de Oaxaca, São Luis Potosí, Veracruz e Tabasco.

Náhuatl. Idioma dos *nahuas*.

Nanauatzin [figura p. 62]. Deus *nahua* da humildade que se sacrificou para se converter no quinto sol.

GLOSSÁRIO

Ndoo. Expressão linguística para designar *nós*, contendo neste a totalidade, que inclui os *outros*.

Netzahualcóyotl (1402-1472). Rei da cidade-Estado de Texcoco. Erudito, arquiteto e célebre poeta em língua *náhuatl*. Filho de Ixtlilxóchitl, também *tlatoani* de Texcoco, e da princesa *mexica* Matlalcihuatzin, filha de Huitzilíhuitl, monarca de Tenochtitlan.

Neyolnonotza. Conceito *nahua* para designar uma reflexão tanto intelectual como afetiva e emocional.

Nzáki. Seres espirituais *otomíes* com um lado feminino e outro masculino.

Omeeats. Órgão anímico emocional-intelectual dos *huaves* de Oaxaca.

Ometéotl [figura p. 84]. Deus-deusa *nahua*, divindade primordial tanto masculina como feminina, mãe-pai de todos os demais deuses.

Omeyocan ou Tonatiuichan. Céu *nahua* no qual habita o sol e quem sofreu uma morte violenta em situação de guerra.

Ool. Entidade anímica *maya* com faculdades tanto cognitivas como sensitivas e volitivas.

Otómitl. Deus patrono dos *otomíes* que significa "aquele que caminha com flechas". Foi um dos responsáveis por repovoar a terra depois do Grande Dilúvio.

Piyetao. Divindade suprema dos *zapatecos*. Seu nome significa Grande Alento ou Grande Espírito. É um Deus incorpóreo, sem princípio ou fim, imortal.

Popol Vuh. Conjunto de narrativas míticas, lendárias e históricas do povo *maya quiché* habitantes da Guatemala. Sua primeira versão conhecida é um texto bilíngue transcrito entre 1701 e 1703 pelo frei Francisco Ximénez, padre doutrinador de Santo Tomás Chichicastenango. Ele teria se baseado em uma obra escrita até 1550 por um indígena que, por sua vez, teria escrito a narrativa oral de um ancião.

Potlatch. Prática cerimonial que consiste no desperdício, na doação de presentes e na destruição de riquezas ou de objetos valiosos com um propósito de prestígio. O costume foi estudado especialmente entre povos originários da costa oeste do Canadá e dos Estados Unidos, entre eles os *haida, kwakiutl, salish, tlingit, tsimshian* e *nuu-chah-nulth.*

Qotiti. Entidade demoníaca entre os *totonacas,* que condensa o diabo europeu e as divindades mesoamericanas do inframundo.

Quetzalcóatl. Nome de uma personagem *tolteca* lendária e de uma divindade associada à vida, à luz, à fertilidade, à civilização e ao conhecimento. Costuma ser representada por uma serpente emplumada que simboliza a dualidade corporal (serpente) e espiritual (plumas) da condição humana.

Rabinal-Achí. Obra *maya* teatral, musical e coreográfica de origem pré-hispânica. Data do século xv e é acompanhada por diálogos transcritos no século xix. É uma obra representativa da cultura *maya* na Guatemala.

Relação de Michoacán. Manuscrito atribuído ao frei franciscano Jerônimo de Alcalá e elaborado até 1540 com dados e relatos proporcionados por informantes *p'urhépechas* do estado mexicano de Michoacán. O manuscrito é a principal fonte documental sobre a história e as tradições do povo *p'urhépecha.*

Ritual de los Bacabes. Documento *maya yucateco* da época colonial. Contém um amplo conjunto de preces, conjuros e receitas médicas de origem *maya* pré-hispânica.

Senni. Órgão anímico cognitivo-afetivo dos *popolucas.*

Sési Irekua ou sési irékani. Noção *p'urhépecha* de vida boa.

Tajëëw. Mãe terra para os *mixes* de Oaxaca. É representada como uma serpente.

Tecuciztécatl ou Tecciztécatl. Divindade *nahua* associada à lua e à soberba.

Te-Ix-Cuepani e Te-Ix-Poloa. Expressões *nahuas* para designar feiticeiros trapaceiros, charlatães, vigaristas.

Te-Ix-Tlamachtiani. Mestre ou educador entre os *nahuas.*

Temilotzin. (?-1525), Amigo e companheiro de Cuauhtemoc, governante de Tenochtitlan, desempenhou papel importante nas lutas contra a conquista. Foi um guerreiro extraordinário, tendo alcançando o

GLOSSÁRIO

título de "comandante de homens", e considerado também poeta e cantor da amizade.

Teyolía. Entidade anímica *nahua*. Conecta internamente o indivíduo com a comunidade e com o Universo.

Tezcatlipoca. Em *náhuatl*, significa "espelho fumegante". Força divina contraposta a Quetzalcóatl, associado à guerra e à destruição.

Tik. Desinência referida ao "nosotros" em *tseltal* e *tojolabal*.

Tlacatl. Ser humano em *náhuatl*.

Tlacazólyotl. Vício de avidez ou de possessão desmedida entre os *nahuas*.

Tlalocan. Paraíso *nahua* reservado aos afogados e às vítimas de raios.

Tlaltecatzin. Poeta *nahua* da segunda metade do século xiv. Foi senhor de Cuauhchinanco, cidade súdita de Texcoco, no atual estado mexicano de Puebla.

Tlaltecuhtli [figura p. 19]. Deusa primordial dos *nahuas* que foi dividida ao meio por Quetzalcoatl e Tezcatlipoca, dando origem ao céu e à terra.

Tlalticpacdyotl. Termo *náhuatl* empregado para designar a sexualidade.

Tlamatini. Sábio ou filósofo entre os *nahuas*.

Tlapalewilistli. Termo *nahua* para designar a ajuda, o apoio e a solidariedade.

Tlazotli. Termo *nahua* para designar uma coisa de alto valor.

Tloque Nahuaque. Deus originário e supremo entre os *nahuas*. É associado com o mistério e com a proximidade.

Tochihuitzin Coyolchiuhqui. Poeta *nahua* do final do século xv e princípio do século xvi. Senhor de Teotlatzinco, foi filho de Itzcóatl, monarca *mexica* de Tenochtitlan.

Tonacacíhuatl e **Tonacatecuhtli.** Mãe e pai dos irmãos Quetzalcóatl e Tezcatlipoca. Seus nomes significam "senhora e senhor de nossa carne", "nosso sustento" e são, ao fim, uma única divindade, tanto masculina quanto feminina, que representa a fertilidade.

Tonal (Tonalismo). Crença mesoamericana no vínculo essencial de cada ser humano com um animal.

Tonalli. Termo *nahua* utilizado para designar a alma e o destino de uma pessoa. Dá calor e governa as faculdades relacionadas ao movimento e ao crescimento.

Tsipe-Rajperi. Termo *p'urhépecha* para designar a reciprocidade.

Uayasba. Termo *maya* para designar o símbolo.

Uinic. Termo *maya* para designar a pessoa como entidade tanto individual como coletiva.

Uinicil Te Uinicil Tun. Expressão *maya* que significa "homem de madeira, homem de pedra". Serve para designar o ser humano no *Ritual de los Bacabes*.

Uk'u'x. Termo para designar o coração em *maya quiché*.

Uxumuco ou Oxomoco. A primeira mulher, criada conjuntamente com Cipactónal, o primeiro homem.

Vucub-Caquix. Personagem do Popol Vuh.

Wejën-Kajën. Conceito *mixe* para descrever a educação como um processo de despertar-desenrolar.

Xayacámach. Poeta *nahua* de Tlaxcala e senhor de Tizatlán. Nasceu por volta de 1450 e morreu antes de 1500.

Xi'el. Forma de susto para os *tsotsiles*.

Yatzil. Palavra com a qual os *tojolab'ales* do estado mexicano de Chiapas designam o miolo anímico, espécie de coração entendido como um órgão anímico intelectual-emocional presente em tudo o que é vivo.

Yóllotl. Órgão anímico dos *nahuas*, associado à força e ao desejo. Localiza-se no coração.

Yolo. Variante do *yóllotl* entre os *nahuas* atuais.

Yuu. Tapete para os *mixtecos* de Oaxaca. É feito com fibras de palma tecidas entre si.

Zan Nihualayocoya. Expressão *nahua* para se referir ao sofrimento na vida.

APÊNDICE
PRINCIPAIS POVOS MESOAMERICANOS

[MAPA]

DIVERSAS DENOMINAÇÕES E ZONA GEOGRÁFICA

1 **AMUZGO**
[Tzjonnon, Tzo'tyio, Tzañcue]. Oaxaca e Guerrero

2 **CHICHIMECA**
[Guachichiles, Pames, Caxcanes, Tecuexes, Guamares, Zacatecas].
Centro e Norte do México

3 **CH'OL**
[Winik]. Norte de Chiapas

4 **CHONTAL**
[Yoko t'aanob, Slijuala xanuc', Yokot'an, Fane]. Tabasco e Oaxaca

5 **CORAS**
[Nayeeri]. Nayarit

6 **HUASTECO**
[Teenek]. Veracruz e San Luiz Potosi

7 **HUAVE**
[Huazantecos, Mareños, Mero Ikoot, Ikooc]. Costa de Oaxaca

8 **HUICHOL**
[Wixárikas, Wirraritari]. Nayarit e Jalisco

9 **KAQCHIKEL**
[Cachiquel]. Guatemala

10 **K'ICHE'**
[Quiché]. Guatemala

11 **LACANDÓN**
[Lakandon, Hach winik, Hach tan]. Chiapas

12 **MAME**
[Mam, Qyool]. Noroeste da Guatemala e sudeste do México

13 **MATLATZINCA**
[Matlatzinka, Botuná]. Michoacán e estado do México

14 **MAYA YUCATECO**. Península de Yucatán, no México, Belize e
Norte da Guatemala

15 **MAZATECO**
[Ha shuta enima]. Oaxaca

16 MAZAHUAS
Michoacán e estado do México

17 MIXES
[Ayuujk Jää', Ayuuk, Ayook]. Oaxaca

18 MIXTECOS
[Ñuu Dzahui ou Ñuu Savi]. Oaxaca, Guerrero e Puebla

19 NAHUAS
[Macehuales]. Centro do México Na época pré-hispânica, habitavam também a Guatemala, Nicarágua, Honduras, Costa Rica e El Salvador

20 OTOMÍ
[Ñähñu]. Hidalgo, Guanajuato e estado do México e Puebla

21 POPOLUCA
[Homshuk, Núntaha'yi, Tuncapxe, Yaac avu, Nuntajuyi, Actebet ou Anmati]. Sul de Veracruz

22 POQOMAM
Guatemala e El Salvador

23 P'URHÉPECHAS
[Purépechas, Tarascos]. Michoacán

24 TOJOLAB'AL
[Tojolwinik'otik]. Chiapas

25 TOTONACA
[Tachihuiin, Tu'tu nacu']. Norte de Veracruz

26 TOLTECA
Centro do México pré-hispânico

27 TSELTAL
[Winik atel, K'op]. Chiapas

28 TSOTSIL
[Batsil winik'otik, Batzil k'op]. Chiapas

29 ZAPOTECO
[Binni záa, Ben'zaa, diidzaj] Oaxaca

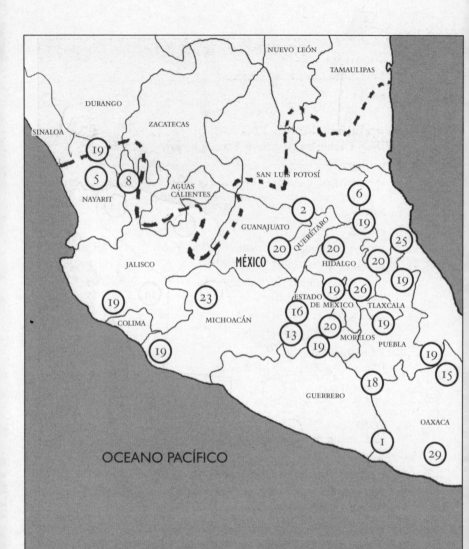

MAPA DE DISTRIBUIÇÃO GEOGRÁFICA DOS POVOS MESOAMERICANOS

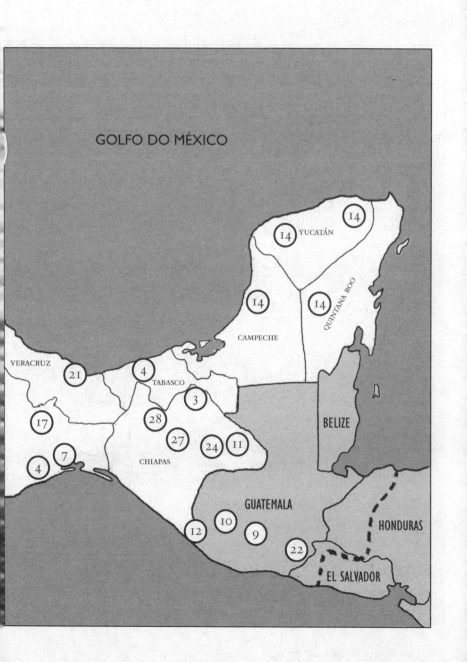

Este livro foi impresso na cidade de São Bernardo do Campo,
nas oficinas da Paym Gráfica e Editora, em novembro de 2022,
para a Editora Perspectiva.